»Kommt ihr aus Deutschland oder aus Überzeugung?« wurden die deutschen Juden gefragt, die nach 1933 in Palästina ankamen. Nur wenige kamen aus Überzeugung, die meisten der 60 000 deutschen Juden, die sich in das damalige britische Mandatsgebiet retten konnten, hatten keine andere Wahl. Palästina war nicht das Land ihrer Träume, eher ein Asyl, in dem sie sich neu einrichten mußten. Ärzte wurden Busfahrer, Rechtsanwälte züchteten Hühner und Künstler arbeiteten als Kellner. Aber für die Jungen war die ›Alija‹ (Einwanderung) ein großes Abenteuer, der Beginn eines neuen Lebens, frei von alten Konventionen, manchmal auch ein Kampf auf Leben und Tod.

Gad Granach hieß noch Gerhard, als er 1936 mit 21 Jahren im Hafen von Haifa an Land ging. Der Sohn eines berühmten Berliner Schauspielers und einer politisch engagierten Mutter kam auch nicht aus Überzeugung, aber er machte das Beste daraus: als Hilfspolizist bei den Briten, Bauarbeiter in Tel Aviv oder Lokomotivführer am Toten Meer. Er hat das Land, in dem weder Milch noch Honig fließen, noch als Wüste kennengelernt, fünf große und etliche kleine Kriege mitgemacht und immer gehofft, daß der Allmächtige sich ein anderes Volk auserwählt und die Juden in Ruhe läßt.

Unsere Adresse im Internet: www.fischer-tb.de

Gad Granach

Heimat *los!*

Aus dem Leben
eines jüdischen Emigranten

Aufgezeichnet von Hilde Recher

Fischer Taschenbuch Verlag

Das Buch basiert auf Gesprächen mit Gad Granach,
die Hilde Recher, Henryk M. Broder und
Michael Bergmann geführt haben.

Die hebräischen und jiddischen Begriffe werden
am Ende des Buches erklärt.

5. Auflage: September 2001

Ungekürzte Ausgabe
Veröffentlicht im Fischer Taschenbuch Verlag GmbH,
Frankfurt am Main, Februar 2000

Lizenzausgabe mit Genehmigung des Ölbaum Verlags, Augsburg
Fotos: Privatarchiv Gad Granach, Jerusalem
Druck und Bindung: Clausen & Bosse, Leck
Printed in Germany
ISBN 3-596-14649-6

*Ich weiß gar nicht, warum Menschen immer ihre
Identität suchen müssen. Mir haben sie gesagt, wie ich
heiße, das hat mir vollkommen gereicht.*

I.

Bei meiner Geburt war ich dabei, aber ich kann mich nicht entsinnen. Es war am 29. März 1915 in Rheinsberg, preußischer ging es nicht. Meine Mutter war eine glühende Verehrerin von Strindberg, und so hätte ich beinahe das Glück gehabt, August zu heißen. Davor hat mich dann aber die jüngste Schwester meiner Mutter, Tante Rosel, bewahrt. Mutter war vor meiner Geburt für ein Jahr von Berlin nach Rheinsberg gezogen, wo sie sich bei der sehr feinen adeligen Familie von Brandes einmietete. Deren Sohn war gleich zu Anfang des Krieges gefallen, und Frau von Brandes wünschte sich sehr, daß meine Mutter mich nach ihm benennt. So hätte ich beinahe Fritz geheißen. Aber Tante Rosel hat nur einen Blick in die Wiege geworfen und beim Anblick des kleinen Judenjungen mit der großen Nase gesagt: »Um Gottes Willen! Der soll August heißen?« Sie haben dann gemeinsam den schönen deutschen Namen Gerhard ausgeheckt. Was kann man machen? Alle deutschen Judenjungs hießen damals Gerhard oder Peter oder Siegfried. Hieß einer Siegfried, konnte man fast sicher sein, daß er ein Jude ist. Ich hätte viel lieber Peter geheißen, Peterchen gefiel mir sehr, denn Peter paßte immer gut zu Damen.

Mein Vater glänzte bei meiner Geburt durch Abwesenheit, er war ja im Krieg. Er wollte auch nicht mit der Familie meiner Mutter zusammensein, denn die waren natürlich alle gegen die Verbindung. Mein Vater war ein Ostjude und ein Künstler obendrein, und das war für meinen Großvater, der sich durch und durch als deutscher Jude fühlte, nicht standesgemäß. Er nannte meinen Vater immer nur abfällig den »Galizianer«. Kleinbürger sind doch überall auf der Welt gleich, egal ob Juden oder Christen.

Meine Mutter Martha Guttmann gehörte zu den jungen kulturhungrigen Menschen und verkehrte in Berliner anarcho-syndikalistischen Kreisen. Man war ja so modern! Man fing an, vegetarisch zu essen, und man war Anhänger der Naturheilkunde und Nacktkultur. Man verehrte Strindberg und Ibsen und die modernen Maler. Und alles war durcheinander. Es gab die Anarchisten und die Syndikalisten und jene Leute, die mit langen Haaren herumliefen.

In dieser Welt lernte meine Mutter meinen Vater kennen und verliebte sich sofort in ihn, in diese Urkraft, in dieses brodelnde Etwas. Er kam gerade aus Osteuropa, war auf der renommierten Schauspielschule von Max Reinhardt und schlug sich ansonsten als Sargpolierer durch. Sie war damals 29 Jahre alt, er war vier Jahre jünger und hatte noch die berühmten krummen Beine, über die er in seinen Memoiren »Da geht ein Mensch« schrieb und die er sich später richten ließ. Meine Mutter machte meinen Vater mit der deutschen Kultur vertraut, und zwar mit der Kultur generell. Sie las nicht nur Strind-

Martha Guttmann und Alexander Granach, Graz 1914

berg mit ihm, von ihr bekam er auch seine erste Zahnbürste. Solche Sachen vergessen Leute dann später gerne. Auch mein Vater hat es schnell vergessen. Damals ging man in Berlin ins Cafe »Größenwahn« am Kurfürstendamm, das später »Cafe des Westens« hieß, heute ist dort das »Kranzler«. Da saßen Schriftsteller und Revolutionäre, Linke und Rechte. Mein Vater war in jener Zeit sogar mit dem Dichter Arnolt Bronnen, der später mit den Nazis sympathisierte, eng befreundet.

Ich wurde 1914 hergestellt, bevor mein Vater in den Krieg zog. Er mußte als österreichischer Staatsbürger nach Graz, wo sich seine Garnison befand. An meine Mutter schrieb er: »Martha, ich geh ins Feld, mit dem festen Gefühl, es wird mir nichts passieren. Denn eines ist sicher: Solange ich bestehe, besteht die Welt! Ohne mich besteht keine Welt mehr. Dein Alex.« Vater war ein ungeheurer Optimist. Nach dem Krieg vergaß er dann allerdings, nach Hause zu kommen. Er blieb bei der Schauspieldirektorin Hermine Körner in München hängen und spielte dort Theater.

Als ich ein Jahr alt war, zog meine Mutter mit mir wieder zurück nach Berlin, und zwar in die Regensburger Straße. Dort wuchs ich mit ihr und Großvater und noch etlichen Tanten auf. Verpäppelt und verwöhnt und verhätschelt. Es hat sich wohl irgendwie auf mich niedergeschlagen. Tante Rosel arbeitete als Einkäuferin in der Lederwarenabteilung des KaDeWe, Fräulein Guttmann, sie war sehr bekannt in Berlin. Einkäuferin im KaDeWe, das war damals eine große Sache. Manchmal bin ich sie nachmittags im Kaufhaus besuchen gegan-

Gad Granach mit seiner Mutter, Berlin 1917

gen, und da hat sie mich von oben bis unten gemustert und gesagt: »Wie siehst du denn schon wieder aus?« Dann ist sie mit mir rauf in die Knabenabteilung und hat gesagt: »Mein Neffe. Bitte kleiden Sie ihn ein.« Tante Rosel ist eine Geschichte für sich. Tante Hedel hat zusammen mit Großvater den Haushalt geführt, aber genau genommen durfte niemand außer ihm in die Küche. Er kochte und schimpfte dabei. Ich glaube, von ihm habe ich meine Freude am Kochen geerbt.

Die Familie meiner Mutter stammte aus Posen – schon Kurt Tucholsky sagte ja: Alle Berliner Juden stammen aus Breslau oder Posen. Die Posener Juden mußten sich ihr Deutschtum immer ganz besonders beweisen, weil sie früher einmal besetzt gewesen waren. Darum haben sie auch 1919 überwiegend für Deutschland und nicht für Polen optiert und sind dann, als Posen schließlich doch polnisch wurde, natürlich rausgeflogen. Der Bruder meines Großvaters besaß ein Hotel in Kobylin, das er nicht verlassen wollte. Er hatte für Polen optiert und konnte bleiben. Dafür mußte er jedoch mit dem Leben bezahlen. Die Nazis haben ihn und seine Frau nach Theresienstadt deportiert, da war er schon 85 Jahre alt.

Mein Großvater hieß Abraham Adolf Guttmann und war kaiserlicher Soldat im preußischen Heer. Er hat 1870/71 in Glogau gedient. Als Kaiser Wilhelm II. 1918 abdanken mußte, hat er geweint. Er nahm sich das offenbar mehr zu Herzen als der Kaiser selbst. Die Uniform meines Großvaters hing bei uns auf dem Dachboden, und ich habe mit ihr gespielt. Ich setzte mir die Mütze auf und ging damit auf die Straße.

Meine Mutter war Beamtin beim Berliner Arbeitsamt. Sie schloß sich der USPD an und wurde von ihrer Partei später natürlich bitter enttäuscht. Niemals wäre sie übrigens der SPD beigetreten, dazu war sie viel zu intellektuell. Das nahm man ihr im Arbeitsamt sehr übel, denn dort saßen lauter SPD-Bonzen. Und die waren später genauso bereit wie alle anderen, sich mit jedem und allen und auch mit dem Teufel zusammenzutun. Sie hätten sogar mit Hitler paktiert, wenn der sie nur gelassen hätte. Alles nur um des lieben Friedens willen.

Vater sagte einmal zu mir, da war ich aber schon vierzehn: »Deine Mutter, diese Kleinbürgerin!« Ich war erschüttert und empfand das irgendwie als Beleidigung.

In meinen Augen war meine Mutter eine aufgeschlossene, fortschrittliche und gebildete Frau, ungeheuer interessiert an allem, was in der Welt vor sich ging. Meine erste politische Erziehung verdankte ich schließlich ihr: Als ich noch klein war, schenkte sie mir schon Kropotkins »Gegenseitige Hilfe«, und auch meine ersten Traven-Bücher waren von ihr. Sie versuchte, mir die Augen für die Umgebung, in der ich lebte, zu öffnen. Ich durfte keine Indianerbücher lesen, nur »Lederstrumpf«, Karl May war strikt verboten. Und selbstverständlich bekam ich auch keine Bleisoldaten geschenkt, obwohl ich natürlich liebend gerne welche gehabt hätte. Mutter hatte einen guten Job im Arbeitsamt, sie war in jeder Hinsicht das Gegenteil meines Vaters. Im Grunde war sie wirklich eine Kleinbürgerin.

Meinen Vater lernte ich erst kennen, als ich vier Jahre alt war, das war 1919. Als er nach Berlin kam, trug er noch Uniform. Ich sehe noch die Mütze und das Bajonett an der Seite, und ich kann mich gut erinnern, was für einen großen Eindruck das auf mich gemacht hat. Meine Mutter sagte: »Das ist dein Vater.« Und da sprach ich den legendär gewordenen Satz, der später in der Familie immer wieder begeistert zitiert wurde: »Wat denn, wat denn, det soll mein Vater sein?« Diesen Satz fanden sie alle großartig. Ein Wunderkind! Und Vater hob mich hoch und küßte mich. Er war unrasiert, und es kratzte. Das war mein erstes Zusammentreffen mit meinem Vater. 1921 ließen sich meine Eltern scheiden, das heißt, meine Mutter ließ sich von meinem Vater scheiden.

Gad Granach mit seinem Vater, Berlin 1919

Obwohl meine Eltern ja ohnehin nie richtig zusammengelebt hatten, habe ich das nicht ganz verstanden. Familienleben im üblichen Sinne gab es bei uns nicht. Mein Vater kam immer nur auf einen Sprung. Meine Eltern paßten nicht zueinander. Vor dem Krieg hatten sie eine wilde Zeit zusammen verbracht, aber das war es dann auch. Für Vaters Leben war meine Mutter einfach nicht gebaut. Sie war eine Frau aus einem bürgerlichen Milieu und stark politisch engagiert. Vater hingegen war Künstler und auf dem Wege, Karriere zu machen, und sie hat ihn dabei gebremst. Politik und Boheme gehen eben nicht gut zusammen. Solange er noch nichts wußte und solange er noch nichts war, solange er die deutsche Sprache noch lernte und auf ihre Kultur und Bildung angewiesen war, war alles in Ordnung. Doch als er dann seine Schwingen ausbreitete und selber zu fliegen begann, machte er sich auf zu neuen Ufern, wohin meine Mutter ihm nicht folgen konnte und nicht folgen wollte. Sie war eigentlich wie eine Henne, die ein kleines Entlein großgezogen hatte. Eines Tages geht das Entlein zum Wasser und schwimmt davon. Die Henne steht hilflos am Ufer und versteht die Welt nicht mehr. Auch sie verstand nichts mehr. Sie verstand es im Grunde bis an ihr Lebensende nicht. Sie liebte meinen Vater abgöttisch. Und sie haßte ihn zugleich. Als er dann berühmt wurde, waren die Berliner Zeitungen voll von seinen Eskapaden und Skandalen und Weibergeschichten. Das alles konnte sie nicht verkraften. Sie hat nicht mehr geheiratet und hatte fortan nur noch platonische Freundschaften mit Männern.

Mutter umgab sich gerne mit jungen, schwärmerischen Dichtern und Philosophen. Ganz besonders erinnere ich mich an einen, den ich überhaupt nicht leiden konnte, Kinder können ja schrecklich snobistisch sein. Dieser Mensch war der Bruder des berühmten Geigers Bronislaw Hubermann, einer dieser Hungerphilosophen. Ein verkommenes, absolut lebensuntüchtiges Genie. Jeden Donnerstag kam er zu uns nach Hause zum Abendbrot. Vermutlich war das Hubermanns einzige Mahlzeit während der ganzen Woche. Meine Mutter hätte besser daran getan, ihm etwas Deftiges vorzusetzen, aber man lebte ja gesund. Es gab zwei weichgekochte Eier, etwas Hering und Brot und Butter und Käseaufschnitt und Bier.

Wenn Hubermann kam, gab es Bier. Dann wurde noch ein Kreis von gleichgesinnten unverheirateten Damen eingeladen, die wollene Unterwäsche trugen und interessiert herumsaßen, Blaustrümpfe sagte man früher. Ich stellte mir immer vor, sie würden alle blaue Strümpfe tragen. Sie waren äußerst vornehm und enorm intellektuell und hundertprozentig asexuell. Mit Gesundheitskleidern von »Indanthren«. Meine Mutter war nämlich Anhängerin einer vegetarischen Sekte in Berlin, der »Masdasnan«.

Hubermann kam also und las aus seinen eigenen Schriften vor, und meine Mutter machte immer »Psst!« Für mich war das ziemlich langweilig, weil ich nämlich keinen Krach machen durfte. Sie versammelte unentwegt gestrandete Talente um sich, intellektuelle Herrschaften, die zu uns kamen und aus ihren Werken lasen, lauter lahme Enten. Zu Hubermann gibt es eine traurige Fußnote: Man fand ihn in den 30er Jahren tot in seinem Zimmer, er war regelrecht verhungert. Sein berühmter Bruder, ein Genie mit der Geige, aber als Mensch eine Null, hatte ihm 200 Mark zukommen lassen, die ihm Hubermann jedoch prompt zurückschickte. Irgendwann kam er auch zu uns nicht mehr, und meine Mutter machte sich schwere Vorwürfe, daß sie ihm nicht genug geholfen hatte.

Etwa um diese Zeit herum bekam ich eine Geige. Damals war nämlich Yehudi Menuhin als Wunderkind berühmt geworden, und alle jüdischen Familien waren überzeugt, sie hätten auch so ein Genie zu Hause. So wurde ich gezwungen – ich betone ausdrücklich das Wort »gezwungen« – Geigenunterricht zu nehmen. Ich stand am Fenster und bemühte mich, dem Instrument das Lied »Alle meine Entchen« zu entlocken, und unten sah ich die anderen Kinder auf der Straße spielen. Am liebsten lag ich auf dem Teppich und spielte mit dem Geigenkasten Boot. Ich hatte bei meinem Geigenunterricht von Anfang an das Gefühl, das sei verlorene Zeit, und mein Geigenlehrer bemerkte das zum Glück nach einem Jahr auch. Ich war jedoch nicht das einzige Opfer von Yehudi Menuhin, es gab hunderte von jüdischen Jungs, denen

Urlaub in Füssen, 1920

ein Stück Holz unters Kinn geklemmt und ein Geigenbogen in die Hand gedrückt wurde und die nicht wussten, wie ihnen geschah. Da standen sie dann und kratzten zum Schrecken der Nachbarn und der Hunde und Katzen auf ihren Instrumenten herum.

Meine Mutter hat überhaupt jeden modernen Käse mitgemacht. Sie trug Reformkleider und kaufte in Reformhäusern ein. Berlin war damals voll von Scharlatanen und Betrügern. Als erster tauchte Lukutate auf. Das war ein Gauner, der sich einen Turban aufsetzte und eine unsägliche Marmelade verkaufte. In den Schaufenstern vieler Apotheken stand ein riesiger Elefant, auf dem ein Inder mit einem Turban und einem Speer saß, und darunter hieß es: »Die Kraft dieses Elefanten, das ist Lukutate.« Angeblich in Indien gesammelte, alphabetisch oder sonstwie geordnete grüne Pflänzchen wurden zu Marmelade verarbeitet. Ich bin sicher, es waren nur Kohlköpfe aus Berlin. Aber meine Mutter kaufte alles: Lukutate-Marmelade, Lukutate-Kuchen, Lukutate-Bonbons, Lukutate-Creme, Lukutate-Pulver. Wir verwendeten es innerlich und äußerlich, und ich glaubte schon, mir wachsen bald die Stoßzähne eines Elefanten. Lukutate war phantastisch, aber die Menscheit ist davon nicht klüger geworden.

Dann gab es noch diesen Masdasnan, der kam aus Amerika und redete den Leuten ein, daß man überhaupt keine tierischen Produkte mehr zu sich nehmen soll. Nichts vom Tier, auf gar keinen Fall, nicht mal die Kleidung. Keine Lederschuhe, keine Wolle, nur Leinen. Es würde mich nicht wundern, wenn dieser Spleen aus der jüdischen Religion kam, denn dort darf man ja Leinen und Wolle auch nicht vermischen. Warum das so ist, weiß ich nicht, wenn ich es wüßte, wäre ich jetzt irgendwo in Israel oder Amerika Oberrabbiner. Jedenfalls mußten sich die Masdasnan-Anhänger in weiße Gewänder hüllen, und sie durften nur rohes Gemüse essen, das über der Erde wuchs. Zum Schluß mußte man, glaube ich, ganz aufhören zu essen. Am Fehrbelliner Platz war ein Restaurant, da gab es künstliche Würste und ähnliche Sachen, die vermutlich aus alten Stuhlbeinen hergestellt wurden; ich habe keine Ahnung, woraus die bestanden.

Meine Mutter glaubte zutiefst an diesen Quatsch, und zwar so lange, bis sie schließlich zusammenbrach. Der Arzt hat ihr dann geraten: »Liebe Frau, jetzt gehen Sie runter an die Ecke zum nächsten Schlachter und kaufen sich und ihrem Sohn zwei große Steaks. Das machen Sie mal eine Woche lang, dann sehen wir uns wieder.« Aber wir hatten ein Kindermädchen, das war unsere Masdasnan-Gestapo. Vor der hatten wir Angst. Die war vollkommen verrückt. Sie hatte einen Mittelscheitel und zwei Schnecken an der Seite und sprang immer mit einem »Halleluja« auf den Lippen durch die Gegend. Nach dem dritten Steak flog sie raus.

Es waren turbulente Zeiten damals in Berlin. Eine meiner frühesten Erinnerungen ist der Mord an Rathenau, ich habe nämlich seine Mörder gesehen! Damals war ich ungefähr sechs Jahre alt und wie die meisten Kinder unterernährt. Ich wurde deswegen in die Lüneburger

Heide zur Sommerfrische verschickt. Die Familie, bei der ich wohnte, hatte eine Apfelfarm und ein Pferd und hieß Bornemann. Eines Tages stand ich wieder einmal mit anderen Kindern auf der Straße, wie Kinder so auf der Straße stehen, und hielt Maulaffen feil. Plötzlich kamen zwei Polizisten auf Motorrädern angebraust und fragten, ob wir zwei Männer auf Fahrrädern gesehen hätten. Prompt antworteten wir: »Sicher haben wir die gesehen!« Aber das war nur unsere kindliche Phantasie. Ich bin heute noch überzeugt, ich habe zwei Männer auf Fahrrädern gesehen. Das waren die Mörder von Rathenau.

Ich bin in keine jüdische Schule gegangen, obwohl meine Mutter aus einer frommen Familie stammte. Man war stolz, jüdisch zu sein, und man kam sich gleichzeitig sehr deutsch vor. Deutsch und jüdisch ging wunderbar zusammen! Mein Großvater war schwer deutschnational, aber er war auch ein gesetzestreuer Jude. Er ging jeden Tag in die Synagoge am Lützowufer und schloß sie auf, er war eine Art *Schammes*. 1921 starb er. Sein Grab befindet sich in Berlin-Weißensee, dort liegt er zusammen mit seiner Frau, die schon 1905 von einem Bierwagen überfahren wurde. Die träumte immer beim Gehen.

Nach Goßvaters Tod 1921 zogen wir um nach Friedenau. Das war damals bereits eine richtige Nazigegend. Mit sechs Jahren kam ich in die Volksschule, mit acht Jahren hat mich meine Mutter dort wieder abgemeldet,

Berlin, 1923

weil der Klassenlehrer ein Nazi war. Der kam bereits 1923 mit dem Hakenkreuz am Jackett zur Schule.

Eines Tages, ich spielte gerade auf der Straße, kam ein kleiner Junge in meinem Alter auf mich zu und sagte: »Meine Eltern und ich sind Antisemiten.« Er trug einen Matrosenanzug mit Matrosenmütze, auf der stand »Vaterland« drauf. Das war so einer mit eingeklemmtem Arsch und strammgezogenem Gürtel. Ich kannte ihn, er wohnte gegenüber. Kommt und sagt zu mir: »Meine Eltern und ich sind Antisemiten.« Ich wußte gar nicht, was ich damit anfangen sollte, er hätte genausogut sagen können: »Meine Eltern und ich kommen aus der Mongolei.« Ich weiß nicht, warum ich meiner Mutter nichts von dem Vorfall erzählt habe.

Wir waren die einzigen Juden in der Straße, um uns herum wohnten lauter deutsch-national gesinnte Kleinbürger, entweder Nazis oder Leute, die geistig noch im Kaiserreich lebten. Sie feierten Kaisers Geburtstag und hängten die schwarzweißrote Fahne aus den Fenstern. Die schwarzrotgoldene Fahne der Weimarer Republik sah man nirgends, das war nämlich die Fahne der »Judenrepublik«. Bei uns in der Wohnung dagegen waren die Bilder aufgehängt, die bei allen anständigen westlichen Juden hingen. Da hing Heine, da hing Goethe, da hing Napoleon, der den Juden die Emanzipation gebracht hatte, und da hing natürlich auch der Moses von Michelangelo. Also wußte ich: Moses, das war ein Landsmann von mir. Ich wußte, der hat die Juden durchs Rote Meer geführt und allerlei tolle Sachen auf dem Berg Sinai angestellt.

Ich bin jedoch überhaupt nicht im religiösen Sinne jüdisch erzogen worden, aber ich hatte einfach das Gefühl dazuzugehören. Und mir wurde gesagt, daß Juden sich wehren und zurückschlagen sollen. Immer wurde mir eingetrichtert: Wenn dich einer in der Schule als Jude anpöbelt, dann laß dir das nicht gefallen, hau zurück. Man kam sich sehr deutsch vor, war aber gleichzeitig stolz darauf, Angehöriger eines alten Volkes zu sein. Ich wußte, wer Albert Einstein war und was wir Juden für die deutsche Kultur geleistet hatten. Es gab genug berühmte Schriftsteller, Ärzte und Erfinder, auf die man sich etwas einbilden konnte, zum Beispiel den Flieger Otto Lilienthal, von dem ich übrigens gar nicht genau weiß, ob er wirklich Jude war. Egal. Wer nicht jüdisch war, wurde eben jüdisch gemacht. Und Jesus war schließlich Jude, denn wenn einer in Bethlehem geboren ist, kann er kein Arier sein. Ich habe meinen Mitschülern versucht zu erklären, daß sie uns im Grunde das ganze Christentum zu verdanken hätten und daß sie uns dafür dankbar sein sollten. Aber sie haben es nicht begriffen und wollten nicht dankbar sein, sie sind es bis auf den heutigen Tag nicht. Mir hat mal einer in der Schule gesagt: »Ihr habt ja unseren Herrn Jesus gekreuzigt!« Da hab ich ihn gefragt: »Warst du dabei?« Sagt er: »Nee«. Sage ich: »Ick och nicht.«

Nachdem Mutter mich nach der zweiten Klasse bei der Friedenauer Volksschule abgemeldet hatte, kam ich in eine moderne Schule, in die Waldschule Dahlem-Dorf. Damals waren »Freie Schulen« in Mode. Diese Schule war von einer Familie Benario gegründet worden, sehr reichen Berliner Juden, die nicht wollten, daß ihre eigenen Kinder in eine der gräßlichen nachwilhelminischen Schulen gehen mußten. Die preußischen Schulen waren doch nichts anderes als eine Mischung aus Gefängnis und Krankenhaus; sie waren die Keimzellen des Nationalsozialismus.
Die Waldschule Dahlem dagegen war fortschrittlich. Dorthin gingen die Kinder von Intellektuellen und Emigranten, von Zaristen und Trotzkisten bis hin zu den geflohenen Leninisten – alle waren vertreten. Trudchen

*In der Waldschule Dahlem,
Gad Granach zweite Reihe von unten, vierter von rechts*

Im Zoologischen Garten, Berlin 1923

Nothmann, eine sehr gute Freundin von mir, die jetzt auch in Jerusalem lebt, hat ebenfalls diese Schule besucht. In meiner Klasse war die Tochter von Steinberg, einem Exilrussen, der bei Kerinskij Justizminister gewesen war und sich geweigert hatte, Todesurteile zu unterschreiben. Ein frommer Jude übrigens. Leute wie er schickten ihre Kinder auf diese Schulen, und da meine Eltern alles mitmachten, was schick war, kam auch ich dorthin. Allerdings gab es an dieser Schule auch eine miese Lehrerin. Sie wurde später die Gouvernante von Görings Tochter und hatte schon damals kleine antisemitische Spitzen drauf. Einmal hat sie mir im Keller der Schule aus heiterem Himmel zwei Ohrfeigen gegeben. So etwas ist mir aber später nie wieder passiert.

In die Waldschule ging ich ausgesprochen gerne. Es war eine Zeit ohne Druck und Streß. Wir hatten kein Lesebuch, sondern lasen Mörike und Dr. Uhlebuhle und solche Sachen. Die Kinder mußten nicht aufstehen, wenn die Lehrer hereinkamen, und man duzte die Lehrer. Sie waren die Kameraden der Schüler. Es war wunderbar! Wir mußten keine Hausaufgaben machen und konnten sogar die Lehrfächer selbst aussuchen. Ich habe mir ausgesucht, nichts zu lernen. Draußen gab es einen Gemüsegarten und einen Spielplatz, wo wir uns ein Riesenschiff bauten und »Panzerkreuzer Potemkin« spielten. Ich glaube, es waren die vier schönsten Jahre meines Lebens.

Bis zu meinem 12. Lebensjahr war ich in der Waldschule Dahlem, dann haben sie zu Hause festgestellt, daß ich zwar lesen, aber nicht schreiben konnte. Das kann ich eigentlich bis heute nicht. Daraufhin wurde ich auf eine Privatschule, auf Lehmanns Höhere Knabenschule am Kurfürstendamm geschickt, auf eine sogenannte »Presse«, wo ich meine Versäumnisse aufholen sollte. Hier preßte man den Schülern, die auf das Abitur vorbereitet wurden, den Unterrichtsstoff regelrecht ein. Ein berühmter Schüler war ich auch dort nicht. Als ich sechzehn war, fand ich, ich hätte genug, und meine Eltern hatten auch genug. Vater war stets unzufrieden mit meinen Leistungen, und Mutter hat immer nur den Kopf geschüttelt.

Ab meinem zehnten Lebensjahr besuchte ich einmal in der Woche meinen Vater. Da wurde ich sonntags fein angezogen und ermahnt, mich auch ja nicht schmutzig zu machen, »denn das fällt schließlich auf mich zurück«, sagte Mutter, »und spiel nicht unterwegs.« Und so marschierte ich los. Mit der Straßenbahn zum Bahnhof Zoo, dann noch eine Station mit der Stadtbahn. Aber das Geld habe ich mir gespart, ich ging zu Fuß durch den Zoologischen Garten und beobachtete noch ein wenig die Tiere.

Und dann bin ich rauf zu Vater in die Cuxhavener Straße. Er hatte dort eine phantastische Atelierwohnung, das war für mich eine andere Welt. Mutter verdiente zwar als Kommunalbeamtin nicht schlecht, und sie war eine wunderbare Mutter, aber man konnte eben keine großen Sprünge machen, man mußte rechnen. Bei Vater war es genau das Gegenteil. Der war inzwischen schon ein berühmter Schauspieler und lebte im großen Stil. Bei dem war was los! Die Wohnung war voller Menschen, Schauspieler, Schriftsteller, Philosophen. Bei ihm verkehrten Brecht, Piscator, Heinrich Mann, Klabund, Hesse, Heinrich George, Erich Mühsam und viele andere. Da wurde gekocht und gegessen und getrunken und gefeiert, es war wahnsinnig aufregend für mich. Als ich etwas älter wurde, blieb ich auch über Nacht. Es waren oft 20 oder 30 Leute da, und auf einmal wurden dann viele Taxis bestellt, die waren damals teilweise noch offen, und man raste nachts mit 100 Sachen über die Avus. Ein Auto mußte damals schnell fahren. 1929 kaufte Vater sich den ersten Wagen, ein Chevrolet-Sportkabriolet. Vorne saßen zwei unter dem Verdeck, hinten war eine offene Klappe, der Schwiegermuttersitz. Er saß vorne mit seinen Mädchen, und ich saß hinten in der Klappe. Wenn ich dann wieder heimkam zu Mutter, war ich ganz deprimiert, das war wie aus der Hitze in die Kälte. Wenn ich heute »Cinderella« sehe, verstehe ich sie ganz genau. Dort war der glänzende Ball, und zu Hause, bei Muttern, war das graue Leben. Cinderella ... Um 12 Uhr mußte sie zu Hause sein.

Vater und ich kamen uns immer näher, je älter ich wurde. Aber gleichzeitig war ich ständig hin- und hergerissen: Auf der einen Seite hatte er meine Mutter verlassen, mit der ich mich solidarisch fühlte, auf der anderen Seite bewunderte ich ihn sehr und hatte immer Angst, Mutter zu verraten, wenn ich bei ihm war. Es war schwierig für mich. Wir sind dann nochmal umgezogen, in eine bessere Wohnung nach Schmargendorf, und auch Vater ist umgezogen nach Dahlem, nur fünf Minuten mit dem Fahrrad von uns entfernt.

Er erzählte mir viel von seiner Vergangenheit und sagte oft: »Komm, ich zeig dir, wo ich herkomme.« Dann nahm er mich mit ins Scheunenviertel, das jüdische Ghetto von Berlin. Vater hat sich seines Ostjudentums nie geschämt, im Gegenteil. Aber er sprach kaum noch Jiddisch, sondern bemühte sich, ausschließlich Hochdeutsch zu sprechen, er hatte Angst um seine Bühnensprache. Das Jiddische ist sehr gefährlich, denn es ist im Ausdruck und in der Melodie eine überaus starke Sprache. Es ist wie ein scharfes Gewürz: Eine Prise zuviel, und es dominiert so sehr, daß man es nie mehr los wird. Jiddisch dominiert alle Sprachen, selbst Hebräisch. Rudolf Schildkraut etwa konnte zum großen Kummer von Max Reinhardt nie etwas anderes als den Shylock spielen, denn er sprach mit diesem jiddischen Singsang. Aber er war Reinhardts bester Shylock. Mein Vater ist zwar auch mit der jiddischen Sprache großgeworden, aber er sprach reines, klares Deutsch. Der einzige Mensch, mit dem ich ihn außerhalb des Scheunenviertels jiddisch sprechen hörte, war sein Freund Chemjo Vinaver, ein begnadeter Musiker. Er war Chorleiter im Berliner Friedenstempel bei Joachim Prinz und der Mann von Mascha Kaléko. Chemjo kam aus einer chassidischen Familie, er sah sehr elegant aus und konnte wunderbar singen. Bei Fritzi Massary war er als Statist auf der Bühne, und da erzählte er die schöne Geschichte, wie er im weißen Frack mit ihr tanzen mußte und sie während des Tanzes sagte: »Komm doch näher, du dummer Junge.«

Alexander Granach und seine Mutter, Galizien 1915

Im Scheunenviertel sind wir zu »Appelbaum« in der Grenadierstraße gegangen, haben *Gefillte Fisch* mit sehr viel Meerrettich bestellt und Schnaps dazu getrunken. Da riß man die *Challe* noch ab, wie es sich gehört, denn man schneidet keine *Challe*, eine *Challe* wird gerissen. In der Grenadierstraße kamen die Menschen von allen Seiten gelaufen und schrien »Granach, Granach, Granach ist da!«, alle kannten ihn und nannten ihn den »König der Ostjuden«. Vater war in seinem Element, und ich saß da wie der Thronfolger. Die Juden dort waren nicht so, wie die Antisemiten die Juden gerne gehabt hätten. Mir wurde zu Hause immer gesagt: »Ssst! Nur nicht auffallen, denn das erzeugt Antisemitismus!« Dabei hat das überhaupt nichts geholfen, denn egal, was man machte, man war so oder so ein Scheißjud. War man laut, war man ein Saujud, war man leise, war man ein Leisegeher und auch ein Saujud. Antisemitismus wird durch gar nichts erzeugt, der ist einfach da.

Diese Ostjuden im Scheunenviertel hatten etwas sehr Positives: Sie waren militant und selbstbewußt. Sie schämten sich nicht ihres Judentums, sie konnten es sowieso nicht verdecken. Wenn die deutschen Juden in die Synagoge gingen, dann hatten sie das Gebetbuch möglichst noch in Zeitungspapier eingewickelt. Das konnte man am *Schabbes*vormittag am Kurfürstendamm beobachten: Auf einmal sah man eine Prozession von sehr elegant gekleideten Damen und Herren, die diskret einen Gegenstand trugen, der in Zeitungspapier verpackt war. Das waren nicht *Gefillte Fisch*, das war ein Gebetbuch!

Die Juden in der Grenadierstraße dagegen waren zwar arm, aber selbstbewußt. Das hatte ich bis dahin nicht gekannt: Jüdisches Proletariat, Schneider, Schuster, und was sie nicht alles gemacht haben – alles, was man sie nur machen ließ. Sie haben gekauft und verkauft, was das Zeug hielt, sie haben wirklich schwer gearbeitet. Oder ist etwa ein Handel mit alten Hosen eine Kleinigkeit? Dem einen mußt du erstmal klarmachen, daß seine Hosen nichts mehr taugen, damit er sie dir verkauft. Dem anderen mußt du klarmachen, daß die Hosen erstklassig sind, damit er sie dir abkauft. Und so kommst du abends nach Hause und bist ganz nervös vom vielen Verhandeln. Es ist wie bei dem Witz mit den Sardinen: Jankel kauft sie von Moische, und Moische verkauft sie weiter an Simche. Simche tauscht sie wieder mit Jankel, und der verkauft sie wiederum. Eines Tages kommt ein Nichtjude und sagt: »Die Sardinen stinken!« Sagt Jankel: »Was haben Sie denn mit den Sardinen gemacht? Haben Sie die, gottbehüte, etwa geöffnet?« Darauf der Nichtjude: »Natürlich habe ich sie geöffnet!« Da jammert Jankel: »Jetzt haben Sie unser Geschäft kaputtgemacht! Das sind Sardinen zum Handeln, nicht zum Essen.« So war es im Scheunenviertel. Trotz alledem hätte ich dort nicht leben wollen.

Später in Jerusalem war ich mit Chemio Vinaver befreundet, und einmal habe ich zu ihm gesagt: Komm, wir fahren durch das Jerusalemer Scheunenviertel, nämlich durch *Mea Schearim*, wo die orthodoxen Juden wohnen. Das ist genau so ein Ghetto, nur eben selbstgewählt.

Da bin ich also mit ihm durchgefahren und habe es mit meinen westjüdischen Augen angeschaut und gesagt: »Guck dir das an, Chemio, ist das nicht schrecklich?« Da sagte er nur: »Asoi derf aussehen a Jid! – So muß ein Jude aussehen!« Das war Chemio, so sentimental war er, er fühlte sich, im Gegensatz zu mir, in *Mea Schea-*

Mit dem Vater, Berlin 1925

rim sauwohl. Er war zwar vollkommen areligiös, aber Freitagabend ging er dorthin zum Beten. Dort hörte er Heimatklänge.

Mein Vater war genauso. Bei ihm stand in Berlin ein *Chanukka*-Leuchter auf dem Tisch, der wurde zu Weihnachten mit Tannenzweigen geschmückt. Getreu dem Motto: Ich bin zwar nicht jüdisch erzogen worden, aber Weihnachten wurde bei uns immer gefeiert! Seine damalige Lebensgefährtin Lotte Lieven kaufte einen Weihnachtsbaum, und mein Vater warf ihn dann wieder raus. Denn Lotte war ja geizig wie alle Schweizer und kaufte stets den billigsten und häßlichsten. Einmal flog der Weihnachtsbaum fünf Stockwerke runter durch den Treppenschacht, und dann lief mein Vater hinterher und kaufte einen neuen, ein Riesending. Aber *Jom Kippur* ging er in die Synagoge, um sich mal auszuweinen.

Als ich mit 13 Jahren dachte, es wäre doch ganz schön, wenn ich auch *Bar Mizwa* werden würde, war er allerdings absolut dagegen. Er versprach mir ein Fahrrad, wenn ich die Idee aufgeben würde, und so machten wir einen Vertrag: Fahrrad gegen *Bar Mizwa*. Aber ich wurde wortbrüchig und eröffnete ihm ein halbes Jahr später: »Ich werde *Bar Mizwa!*« Da wurde er sehr wütend und schrie: »Du Schwindler! Wenn du glaubst, ich gehe mit dir in die Synagoge, dann irrst du dich gewaltig!« Aber das Theater ließ er sich dann doch nicht entgehen, er begleitete mich natürlich in die Synagoge.

Das war eine orthodoxe Synagoge von Westjuden, die ja ganz anders beten als die Ostjuden. Als Vater des *Bar Mizwa* mußte er mit auf die Empore, wo die *Thora* aufgerollt wird, damit man einen Abschnitt daraus vorlesen kann. Die Juden aus dem Westen machten das alles sehr diskret und zivilisiert, ganz anders als die Ostjuden. Da gibt es doch die Geschichte von den deutschen Juden, die immer ganz leise gebetet haben, sie haben nicht geschrien und nicht den lieben Gott belästigt. Dann kam am *Jom Kippur* ein orthodoxer Jude aus Polen in eine deutsche Synagoge. Er stellte sich in seinem Gebetsmantel hin und fing an, seine Rechnung mit dem lieben Gott zu machen: Er schlug sich auf die Brust und verbeugte sich und schaukelte hin und her und hat geschrien und gemacht. Ojweh und nochmal Ojweh! Das ganze jüdische Leid lag auf seinen Schultern, 2000 Jahre Pogrom hat er hinausgeschrien, da gibt es natürlich was zu schreien, das kommt nicht von umsonst. Die deutschen Juden schauten jedoch dem Ostjuden entsetzt zu, bis der Synagogendiener zu ihm ging und leise sagte: »Mit Gewalt werden Sie da oben nichts erreichen.«

Ungefähr so war mein Vater bei meiner *Bar Mizwa*. Der ging hinauf auf die Empore, küßte den *Talles* und zog ihn sich übern Kopf, so wie es sein muß. Und dann hat er aus der *Thora* vorgelesen, als ob er Moses persönlich wäre und oben auf dem Sinai stünde, die ganze Synagoge hat gezittert. Alle sind aufgewacht und saßen auf einmal ganz starr da; sogar der *Schammes*, der sonst immer nur hin und her schlurfte, blieb erstaunt stehen. Da ging ein neuer Wind durch die Synagoge, und der Rabbiner Emil Cohn strahlte übers ganze Gesicht. Als ich nach ihm an die Reihe kam und meinen Spruch sagte, ging das vollkommen unter. Er war der Star, nicht ich.

Von der Synagoge sind wir dann alle zu Fuß in die Wohnung meines Vaters gegangen, er hatte Frühstück von Kempinski kommen lassen. Einige Gäste kamen mit ihren Rolls Royces angefahren und parkten um die Ecke, weil man am Schabbat ja nicht Auto fahren darf. Auch Joachim Prinz war da, der war damals Moderabbiner in Berlin. Es gab ein wunderbares Buffet, Hähnchen und Täubchen und Salate, und alle saßen wir um den Tisch herum und freuten uns auf das Essen. Plötzlich sagte der Rabbiner Emil Cohn zu meinem Vater: »Alex, wer hat denn das Frühstück geliefert?« Sagt er: »Kempinski natürlich!« Das war ja ein jüdisches Haus. Erwidert Cohn bestürzt: »Kempinski ist aber nicht koscher!« Und auf der Stelle hat sich keiner mehr getraut zu essen, weil ja einer den anderen beobachtet hat. Nur Joachim Prinz kümmerte sich nicht darum. Er legte sich und mir ein Täubchen auf den Teller und sagte: »Wir essen!« Die restlichen Gäste tranken nur noch Wodka, und nach einer halben Stunde war die ganze *Bar-Mizwa*-Gesellschaft sternhagelvoll, es war toll. Man hat sich umarmt, und man hat sich geküßt, und man hat gesungen, und der Tisch bog sich vor Essen, und keiner hat es angerührt. Das war meine *Bar Mizwa*.

Mein erstes Theaterstück habe ich natürlich gemeinsam mit meinem Vater gesehen, da war ich noch sehr klein. Ich erinnere mich ganz genau, es war »Das tapfere Schneiderlein«. Er hat mich am Ende mit hinter die Bühne genommen, und ich erschrak zu Tode, weil der Schneider plötzlich so riesig war und eine lange Schere an seiner Hose hängen hatte. Als ich dann etwa zehn Jahre alt war, nahm Vater mich auch ins richtige Theater mit, aber natürlich nur dann, wenn er mitspielte. Das erste Stück, das ich sah, war »Die Verschwörung des Fiesco zu Genua« in der Volksbühne, ein wunderschönes Theater, die Wände waren mit rotem Mahagony verkleidet. Dann nahm er mich nach und nach mit in die Klassiker, aber leider sah ich die Stücke oft nur zur Hälfte. Wenn er nur einmal den Wallenstein gespielt hätte, dann hätte ich das Stück von Anfang bis Ende sehen können! Aber nein, er spielte Isolani. Isolani fängt an und spielt ungefähr bis zur Mitte, und damit war der Fall für ihn und mich erledigt. Herr Isolani ging nach Hause, Herr Granach ging nach Hause, und ich mußte auch nach Hause gehen. Beim »Fiesco zu Genua« spielte er den Mohr, der mittendrin aufgehängt wird, und ich mußte gleich danach nach Hause. Da hat mich dann immer ganz leise ein Theaterdiener rausgeholt: »Ssst! Dein Herr Vater wartet!« Vater hat sehr wohl bemerkt, daß mir das nicht gefiel, aber er hat dann nur gesagt: »Du hast deinen alten Vater gesehen, das ist genug!« So habe ich immer nur halbe Vorstellungen gesehen.

Als ich 15 oder 16 Jahre alt wurde, habe ich ihn auch abgehört und dabei meine große Liebe für den »Faust« entdeckt. Vater war damals schon am Staatstheater Berlin und studierte die Rolle des Mephisto im »Faust, Zweiter Teil«. Ich konnte ganze Partien auswendig und kann es heute noch.

Viel später, als ich bereits in Jerusalem war, habe ich das immer meinen staunenden israelischen Gästen vorgetragen und übersetzt. Ich habe hier einen Freund, Schmuel Birger, der davon so beeindruckt war, daß er jetzt schon seit dreißig Jahren ein paar Stellen aus »Faust« auf Deutsch übt, und weil das für einen geborenen Israeli schier unaussprechlich ist, kann er es bis heute nicht richtig: »Ein guter Mensch in seinem dunklen Drange, ist sich des rechten Weges wohl bewußt.« Dieser Satz hat es Schmuel besonders angetan. Immer wenn ich Besuch aus Deutschland habe und er auch da ist, dann stoße ich ihn an, und er rezitiert seinen Faust. Das macht einen Riesseneindruck, und die Leute fragen erstaunt: »Spricht er denn deutsch?« Und ich sage: »Sicher spricht er deutsch!« Und Schmuel setzt dann noch einen drauf und sagt: »Und sich mit Narren zu beladen, das kommt zuletzt dem Teufel noch zu Schaden.« Das ist der letzte Satz Mephistos im zweiten Teil, wo das Schauspiel, das er am Kaiserhof gibt, sich dadurch auflöst, daß Faust sich unnötigerweise in Helena verliebt, die im Grunde nur ein Schattenspiel ist, das er selbst heraufbeschworen hat. Wie das so ist mit Verliebten: Sie merken es gar nicht, daß ihre Liebe allein ihre Sache ist. Wenn ein Mensch jemanden haßt, dann ist es ja auch seine Sache. Genau wie der Antisemitismus im Grunde nicht das Problem der Juden, sondern das der Antisemiten ist, das ist deren kranke Seele. Mit uns hat das überhaupt nichts zu tun. Der Antisemitismus ist da, und wenn es keine Juden gäbe, hätte man sie erfinden müssen, damit die Menschen ihre Aggressionen irgendwie ausleben können. Wie ist es denn heute in Deutschland? Sie wollten die Juden nicht, dafür haben sie jetzt die Türken. Und wenn sie die

Türken nicht haben, dann kriegen sie die Kurden. Es ist zum Glück immer jemand da, den man hassen kann.

Als Vater den zweiten Teil von »Faust« spielte, gab es eine Riesenparty bei ihm zu Hause. Ich kannte damals schon fast alle wichtigen Berliner Schauspieler, ich habe auch Elisabeth Bergner kennengelernt. Sie war mein großer Schwarm und seiner auch. Mein Idol war jedoch Ernst Busch, und über meinen Vater kam ich auch an ihn heran. Sie waren alle immer sehr nett zu mir. Die Tatsache, daß mein Vater so berühmt war, hat mir manches erleichtert und viele Türen geöffnet. Da hieß es dann: »Gerd Granach? Verwandt mit dem Schauspieler? Oh, der Sohn!« Aber oft hatte ich das Gefühl, daß ich es nicht verdient habe, mit seinem Namen spazierenzugehen.

Ganz Berlin liebte meinen Vater. Außer Max Reinhardt, der mochte ihn nicht. Reinhardt war in der Zwischenzeit Schloßbesitzer geworden und so fein, daß er schon mit sich selber nicht mehr sprach. Die Leute vergessen doch meistens, wo sie herkommen, und Granach erinnerte Max Reinhardt an Galizien. Dafür bewunderten ihn die Berliner Taxifahrer umso mehr, weil er genauso saufen konnte wie sie. Daß man den Schnaps so herunterkippte wie Wasser, hatte er in Polen gelernt. Und wenn er seine Lederjacke anhatte, glaubten sie, er sei ein Kollege. Von Taxifahrern als Kollege angesprochen zu werden, das war sein größter Stolz, dann wußte er, man hielt ihn für einen Berliner.

Vater war außerordentlich belesen. Damals gab es den Spruch: »Dumm wie ein Tenor«, und das galt gleicher-

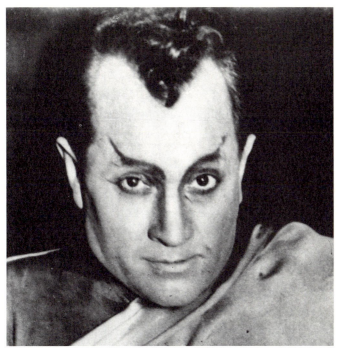
Alexander Granach als Mephisto, Berlin 1933

maßen auch für viele Schauspieler. Ihr einziger Gedanke war: Hast du mich gesehen? Wie war ich? Vater sagte einmal zu mir: »Schauspieler sind wie leere Fässer, so wie es oben reingegossen wird, kommt es unten raus.« Politik interessierte sie einen feuchten Kehrricht, das konnte man dann ja auch sehen, als Hitler kam. Man hat ihnen übel genommen, daß sie mitgemacht haben, aber was hat man ihnen eigentlich verübelt? Sie hatten doch von nichts eine Ahnung! Sie waren völlig unpolitisch. Granach gehörte zu den wenigen Schauspielern, die sowohl politisch als auch literarisch gebildet waren. Er hat die Bücher gefressen, denn er kam aus dem Ghetto, und er hatte noch viel nachzuholen. Er las alles, was ihm unter die Finger kam, nicht nur das, was meine Mutter ihm empfohlen hatte. Als sie ihm einmal ein Buch von Strindberg gab, mußte sie es hinterher abwaschen. Zu dieser Zeit war er Sargschreiner und hat Särge geschreinert und poliert und dabei gelesen.

Nach dem Ersten Weltkrieg war wohl Hermine Körner für meinen Vater die wichtigste Frau. Sie protegierte ihn, denn sie war restlos von ihm begeistert. Seinen Durchbruch hatte er in München 1920/21, und anschließend kam er nach Berlin, wo er unter der Regie von Barnowsky in dem Stück »Der lasterhafte Herr Tschu« spielte. Vater war damals bereits so bekannt, daß er es sich leisten konnte, Elisabeth Bergner als seine Partnerin zu fordern. Er war damals mit ihr sehr eng befreundet. Sie war ein kleines, junges, faszinierendes Mädchen, das aber noch keine Rollen bekam. So brachte Granach die Bergner von Wien nach Berlin.
Und wie das manchmal im Leben ist: Elisabeth Bergner hatte in dem Stück einen Riesenerfolg, und er wurde in den Kritiken kaum erwähnt. Obwohl jeder wußte, daß die Bergner ihre Liebhaber als Sprungbrett benutzte, kam mein Vater über sie nie hinweg. Er hatte viele Frauen, aber die Geschichte mit der Bergner war ein Tabu, an das man nicht rühren durfte. Und deswegen hat es mich sehr gefreut, daß sie in ihren Memoiren ein Kapitel über ihn geschrieben hat. Sie schreibt, daß sie Granach ihre Karriere verdanke und daß er sie nach Ber-

lin gebracht habe. Aber sie schreibt auch, er habe nur blonde Frauen geliebt, und das ist erstunken und erlogen! Die Bergner war wirklich die große Liebe seines Lebens. Nach ihm kam Heinrich George. Sie hatte ungeheuer viele Liebhaber, die ihre Lebensstraße pflasterten, und sie ging einfach über sie hinweg.

Dann trat Vater mit großem Erfolg an der Volksbühne auf und spielte dazwischen schon in den ersten Spielfilmen mit, in »Nosferatu« zum Beispiel. Der Regisseur Murnau und er kannten sich ja bereits aus dem Reinhardt-Seminar. Granachs ganz großer Durchbruch kam 1927 bei Erwin Piscator in dem Stück »Hoppla, wir leben«. Da war er in Berlin bereits ein Star. Danach ging er ans Staatstheater zu Leopold Jessner, der an ihm einen Narren gefressen hatte. Bei Jessner konnte er machen, was er wollte, dort bekam er die ganz großen Rollen. Manchmal hat mein Vater mich zu Theaterproben mitgenom-

Zeitungsbericht über Alexander Granach

men, und seitdem weiß ich, daß das Knochenarbeit ist. Die Leute glauben doch immer, Schauspieler spielen abends Theater, gehen hinterher aus, um sich zu vergnügen, gehen spät schlafen und faulenzen den ganzen nächsten Tag, um sich abends wieder auf der Bühne zu amüsieren. Aber ich habe es als Kind erlebt, wie diszipliniert ein Schauspieler sein muß: Mein Vater stand um 8 Uhr auf und war um 9 Uhr im Theater auf der Probe bis mittags. Dann oft vor der Vorstellung nachmittags noch Durchlaufproben, schnell auf zwei Stunden nach Hause und abends ins Theater. Beim Staatstheater herrschte preußische Disziplin. Da wurde schwer und ernst gearbeitet, es gab keine Widerreden und keine Hysterie wie beim Film. Der Regisseur saß unten, und die anderen hatten nicht viel zu melden. Nur die Bühnenarbeiter, die konnten tun und machen, was sie wollten. Die schleppten und polterten und nahmen keine Rücksicht, ob da gerade feinsinnig und konzentriert an einer Szene gefeilt wurde. Die imponierten mir sehr, sie waren die personifizierte Respektlosigkeit.

Es gab in Berlin jeden Sonntag sogenannte Matineen, die meistens von den Kommunisten organisiert wurden und im Theater am Nollendorfplatz stattfanden. Das war 1930/31, und die Nazigefahr war schon am Horizont zu sehen. Da kamen Leute wie Claire Waldoff, Friedrich Wolf und Erich Kästner. Auch Mühsam und Tucholsky und natürlich Ernst Busch. Er war der Star! Er sang seine Lieder und war der absolute Mittelpunkt. Vater rezitierte Tucholsky. Es gab keinen ernstzunehmenden

Künstler, der damals nicht ohne Gage an solchen Matineen teilgenommen hätte. Da wurde deklamiert, und es gab proletarische Sprechchöre, und alles war genauso langweilig wie der ganze Kommunismus überhaupt, langweiliger ging es gar nicht mehr. Wenn ich heute kommunistische Filme sehe, dann höre ich immer noch dieselben Sprüche und dieselben Slogans, es ist erschütternd! Ich glaube, das soll so sein. Das soll möglichst langweilig sein, damit die Leute einschlafen.

Man war damals enorm engagiert, und Vater war überall dabei. Selbstverständlich war man links, links von der SPD. Auch Veit Harlan und Renee Stobrawa und Fritz Gentschow gehörten dazu, also Leute, die später mit den Nazis sympathisierten – natürlich »notgedrungen«. Veit Harlan war der erste, der mit einem Hakenkreuzwimpel am Auto angefahren kam. Emil Jannings hielt sich raus, aber Heinrich George war natürlich dann nicht mehr mit meinem Vater befreundet. Werner Krauss war zwar kein Nazi, aber immer schon ein wütender Antisemit gewesen.

Als mein Vater den Shylock spielte, war er jeden Abend vollkommen erschöpft, so sehr belastete ihn diese Rolle. Den Shylock konnte ein Schauspieler so spielen, daß die Leute ergriffen waren, er konnte ihn aber auch so spielen wie Werner Krauss. Bei ihm sind die Leute jeden Abend als Antisemiten aus dem Theater gegangen.

Vergeblich suchte man bei den linken Veranstaltungen übrigens die ganzen Filmstars. Die waren fast alle vollkommen apolitisch und konnten deshalb auch von

Goebbels mit Haut und Haaren übernommen werden.

Ich wollte natürlich auch Schauspieler werden, aber mein Vater meinte, ich sollte vorher wenigstens einen ordentlichen Beruf lernen. Er überredete mich, Kameramann zu werden, denn das sei ein Beruf mit Zukunft. Also fing ich mit 16 Jahren eine Fotographenlehre an. Das war ungefähr das Letzte, was ich im Leben lernen wollte. Für meinen Vater wäre es ein Leichtes gewesen, mir zum Theater zu verhelfen, aber er dachte nicht daran. Im nächsten Leben! Da soll e r Fotograph werden, und ich werde Schauspieler.

Bei Karl Trieb in Steglitz, 1932

Ich kam zu Karl Trieb in Steglitz, der war deutschnational bis auf die Knochen, aber ein Künstler. Hier konnte ich die Entwicklung des Nationalsozialismus im Bürgertum gut beobachten, ich konnte zusehen, wie Deutschland langsam umfiel. Zuerst las Karl Trieb noch den »Lokalanzeiger«, dann den »Völkischen Beobachter«. Sein Sohn Gerhard war in der Hitlerjugend, und sein Neffe war SA-Führer. In dieser Fotographenlehre lernte ich, wie man richtig Schuhe putzt.

Karl Trieb war ein sehr guter Porträtfotograph, und er hatte ein rein deutschnationales Publikum, aber alles sehr kultiviert. Die ganze Familie Brenninkmeyer kam und ließ sich von uns fotographieren – berühmte Antisemiten übrigens, und sie waren stolz darauf. Ich als Jüngster hatte die Aufgabe, mit dem Fahrstuhl hinunterzufahren und die Kunden heraufzubringen. Ich hatte einen gelben Staubmantel an und sah sehr fotogen aus, die Haare mit Pomade angeklatscht und einer großen Tolle.

Trieb machte auch Aktfotographien, natürlich vollkommen seriös. Damals ging es doch um Kraft und Schönheit, und überall entstanden die Vereine für Freikörperkultur. Da kam es auch vor, daß Eltern ihre Töchter vor der Hochzeit nackt fotographieren ließen. Ich konnte es nicht fassen! Das waren keine Bohemiens, das waren gute deutsche Kleinbürger aus Steglitz. Einmal kam ein Schlachtermeister, der sah aus wie ein Schlachtermeister aussehen soll, seine Frau sah aus wie ein Wildschwein, und das Töchterchen sah aus wie eine kleine Nymphe, sehr süß. Da durfte ich aber beim Fotographieren nicht dabei sein, Vater und Mutter waren dabei. Das Töchterchen lag auf einer Biedermeier-Chaiselongue, mit einem leichten Schleier übergeworfen, aber mit dem Busen war sie noch draußen. Ich habe die Fotos später natürlich doch gesehen.

Wir fotographierten auch Burschenschaftler. Die kamen in vollem Wichs mit Säbeln und Degen, sehr zackig und sehr steif. Die beliebten Gruppenaufnahmen: Zwei liegen vorne, die nächste Reihe sitzt, der Rest dahinter steht. Links und rechts die Fahne. Heute weiß ich: Das waren sie, die zukünftigen Staatsanwälte und Volksjuristen mit ihren Schmissen im Gesicht. Bei Trieb hörte ich zum ersten Mal den klassischen Satz: »Ja, wenn alle Juden so sind wie du, dann braucht ihr euch keine Sorgen zu machen.«

Glücklicherweise machte ich mir aber doch Sorgen, und mein Vater machte sich auch Sorgen und meine Mutter sowieso. Die Nazis liefen schon ganz ungeniert herum, und da ich sehr jüdisch aussah, versuchte ich, ihnen möglichst aus dem Wege zu gehen. Es kam vor, daß ich in die U-Bahn einstieg, und der ganze Wagen war voll mit SA; dann hab ich mich in eine Ecke verkrümelt.

Einmal holte ich meine Mutter im Arbeitsamt ab, denn wir mußten für mich neue Sachen kaufen. Ich war gerade in einem Alter, in dem bei den Jungs alles extra wächst: Die Nase wächst extra, die Ohren wachsen extra und vor allem die Füße wachsen extra. Als ich zu Mutter ins Zimmer kam, saß noch eine arbeitslose Frau bei ihr. Sie fragte: »Ihr Sohn?«, Mutter sagte: »Ja«. Darauf wieder die Frau: »Wat denn, mit 'nem Juden verheiratet?« Mutter: »Ja.« Die Frau ließ nicht locker: »Wat macht denn der Vater?« Mutter wollte es sich einfach machen, sie ließ Vater immer im Krieg fallen und sagte: »Der ist an der Front geblieben.« Die Frau faßte sich an den Kopf und rief: »Ach du lieber Jott, 'n Jude und auch noch die Kriegerwitwe von 'nem Juden!« Als ob ein Unglück nicht genug wäre. Mutter kam jeden Abend vom Arbeitsamt nach Hause und war vollkommen erschüttert darüber, was sie dort alles zu hören bekam. Einmal sagte eine Frau zu ihr: »Na Fräulein, det dauert nich' mehr lange, dann stehen Sie draußen und ick sitze hier drinnen.« Und so war es dann auch. Nach 1933 mußte meine Mutter stempeln gehen.

Es ging plötzlich alles sehr schnell. Ich war Mitglied in der Kommunistischen Jugend in Berlin-Schmargendorf. Die verschiedenen Parteien hatten überall Volksküchen eröffnet, denn Millionen Menschen hatten keine Arbeit und nichts zu essen. Wir waren überzeugt, daß jeden Moment die »Einheitsfront« an die Macht kommen würde. Die »Einheitsfront« bestand aus Kommunisten, Sozialisten und Sozialdemokraten, die Nazis nannten das die »Mistgabel«. Nachts saß ich oft mit den anderen Genossen in der Volksküche der »Roten Hilfe« in Schmargendorf zusammen, und wir warteten quasi auf den Befehl zum bewaffneten Aufstand. Ich war damals knapp 18 Jahre alt und sagte in meiner grenzenlosen Naivität immer: »Heute nacht schlagen die Kommunisten zu!« Es gab aber weder einen bewaffneten Aufstand,

Berlin, Bahnhof Friedrichstraße um 1930

noch gab es einen unbewaffneten. Es gab überhaupt keinen Aufstand. Stattdessen sah ich nach der »Machtergreifung« am 30. Januar 1933 auf einmal meine Genossen in braunen Hosen durch die Gegend laufen. Es hat höchstens eine Woche gedauert, da waren alle bei der SA. Das war vielleicht ein Schock! Kurz darauf sah man dann bereits neben jedem Polizisten einen SA-Mann, die gingen damals den ganzen Tag Streife, immer mit diesem langsamen Schritt und immer mit Gewehren.

Die Kommunisten sind viel schneller umgefallen als die Sozialdemokraten, die wenigstens noch am Anfang Klassenbewußtsein zeigten. Den Kommunisten hingegen war es egal, für wen sie sich schlugen. Bei der SA gab es die gleichen Schlägertrupps wie vorher bei den Kommunisten. Sie sind hauptsächlich in die SA eingetreten, weil sie Stiefel und Kleider und Essen bekamen. Letztlich haben alle mitgemacht: die Kommunisten, die

Berlin, Potsdamer Platz um 1930

damals immerhin vier Millionen Stimmen hatten, die Zentrumspartei und auch die Sozialdemokraten. Alle wollten ihre Posten behalten, und tief in ihrer preußischen Sklavenseele verspürten sie die Sehnsucht nach einem Stiefel im Hintern. Sie wollten einfach wieder regiert werden, denn die Weimarer Republik war ihnen zu schwach gewesen. Sie wollten einen Führer, und den haben sie dann auch gekriegt. Wie hat er gesagt: »Gebt mir 12 Jahre und ihr werdet Deutschland nicht wiedererkennen.« Er hat sein Versprechen gehalten, man hat es in der Tat nicht wiedererkannt.

Und heute lese ich zu meiner großen Verwunderung in den Zeitungen, daß es Deutsche gibt, die Oberschlesien wieder haben wollen. Warum und von wem wollen sie eigentlich Oberschlesien zurückhaben? Sollen sie es doch von ihrem Führer zurückholen, der hat es ihnen schließlich vermasselt! Er hat doch ein Großdeutschland übernommen und ein Kleindeutschland zurückgelassen. Wen beschuldigen sie denn nun? Die Amerikaner? Warum beschuldigen sie nicht die Nazis? Es ist mir unverständlich, daß bis heute die Deutschen nicht die Nazis für ihr größtes Unglück halten, sondern daß im Gegenteil Nazis noch mit erhobenem Kopf herumlaufen können, anstatt gelyncht zu werden. Sie haben doch Deutschland kaputtgemacht.

II.

Durch Vaters Hilfe kam ich schon Anfang April 1933 aus Berlin heraus. Es gab in Hamburg eine zionistische Organisation, die Jugendliche für die Auswanderung nach Palästina vorbereitete. Die Einrichtung hieß *Hachscharah*, was in etwa »Ausbildung« heißt, und wurde von der *Jewish Agency* finanziert. Deren Leiter in Deutschland hieß Enzio Sireni. Sireni war italienischer Jude, ein bedeutender Zionistenführer und ein toller, unglaublich dynamischer Mann. Später, während des Krieges, sprang er als Kurier hinter der italienischen Front ab und wurde dort erschossen. Vater ging also mit mir zu Frau Kimmel ins Palästinaamt, das sich in der Meineckestraße 10 befand, wo heute noch eine Tafel hängt. Wenn ich einmal in meinem Leben zur rechten Zeit am rechten Platz war, so war es an diesem Tag.

Nach Palästina konnte nur einwandern, wer ein Einreise-Zertifikat besaß, das von der englischen Mandatsregierung an die *Jewish Agency* vergeben wurde. Da die Engländer sich mit den Arabern gut stellen wollten, hatten sie ihnen zugesagt, nicht zuviele Juden ins Land zu lassen. Dementsprechend beschränkt war auch das Kontingent. Die Zionisten waren natürlich daran interessiert, daß nicht nur Ärzte und Rechtsanwälte kamen, sondern hauptsächlich junge, aufbauwillige Handwerker mit Pioniergeist, und sie vergaben deswegen die Zertifikate nur an Leute mit einer handwerklichen Berufsausbildung. Das Land brauchte keine Akademiker, sondern Landarbeiter, Gärtner, Maurer, Mechaniker. Es gab zwar auch die Möglichkeit, sogenannte »Kapitalisten-Zertifikate« zu erwerben, dafür mußte man jedoch 1000 Pfund Sterling bezahlen, das entsprach in etwa 100.000 Reichsmark, was damals eine Unsumme war – und wer hatte das schon? Es waren ja nicht alle Juden Millionäre, wie die Nazis behaupteten, die meisten waren arm und wußten nicht wohin. Welches Land hätte sie denn genommen? Diejenigen, die sich ein Visum hätten kaufen können, schickten höchstens ihre Kinder weg, sie selber blieben auf ihrem Geld sitzen und warteten auf eine Gelegenheit, es in Sicherheit zu bringen. Sie haben die Gefahr einfach nicht erkannt. Jeder machte sich seine eigene Theorie, und zwar so lange, bis es zu spät war. Die deutschen Juden redeten sich ein, sie seien nicht gemeint, sondern die Ostjuden. Und als dann deutsche Ärzte jüdischen Glaubens plötzlich nicht mehr arbeiten durften, sagten die polnischen Juden: »Aber uns passiert nichts. Polska! Wir haben schließlich einen polnischen Paß.« Jeder hat immer geglaubt, der andere sei gemeint.

Wenn man die richtigen Leute kennt, braucht man bekanntlich keine Protektion, und mein Vater kannte die richtigen Leute. Zufällig war in Hamburg ein Ausbildungsplatz frei, und Sireni fragte mich, ob ich bereit sei, gleich am anderen Tag anzufangen. Ich ging nach Hause und sagte: »Mutter, ich fahre morgen nach Hamburg.« Sie war überglücklich, denn sie hatte eine gute politische Nase und wußte im Gegensatz zu den meisten Juden, daß Hitler für uns in Deutschland das Ende bedeutete. Also fuhr ich im Juni 1933 nach Hamburg, und meine Mutter mußte in Berlin bleiben. Nachdem sie ihre Arbeit verloren hatte, bekam sie Arbeitslosenunterstützung, denn schließlich herrschte ja Ordnung in Deutschland. Sie stand jetzt auf der anderen Seite des Schalters. Wie sagte Tucholsky: Das deutsche Ideal – hinter einem Schalter zu sitzen. Das deutsche Schicksal – vor einem Schalter zu stehen. Mutter trug jedoch ihr Schicksal mit Fassung und kümmerte sich fortan um ältere jüdische Damen, deren Kinder bereits ausgewandert waren.

Meine Tante Rosel floh nach Dänemark. Sie mußte einem Dänen ihr ganzes Vermögen geben, damit er sie heiratete. Er war einer dieser feinen Leute, die damals ein Geschäft aus der Not der Juden machten. Der heiratete eine Jüdin, ließ sich scheiden und heiratete die nächste. Ein Herr Christensen, ein professioneller Heirater. Er hat ihr sogar noch die goldene Uhr meines Großvaters abgeknöpft. Meine Tante ist als Rosa Christensen in Schweden gestorben. Dort liefen später viele jüdische Frauen herum, die Christensen hießen.

Mein Vater mußte über Nacht verschwinden, da er wegen seiner politischen Aktionen sehr gefährdet war. Er flüchtete in die Schweiz und wohnte dort eine Weile bei seinem Freund Hermann Hesse. Davor, an meinem

18. Geburtstag am 29. März 1933, machten wir noch eine große Geburtstagsfeier bei uns zu Hause. Das war das letzte Mal, daß ich ihn sah. 1934 kam er noch einmal zurück, um irgendwelche Sachen zu erledigen, was vollkommen wahnsinnig war, weil er ja bereits von der Gestapo gesucht wurde. Auch ich wurde seinetwegen in Hamburg verhört. Er kam also zurück und ging zu meiner Mutter, die natürlich zu Tode erschrak, als sie ihn sah. Auf dem Weg zu seiner Wohnung traf er zufällig einen Schauspieler-Kollegen, der ihm sagte, daß beim Theater noch seine gesamte Jahresgage liege, er war offiziell ja noch engagiert. So preußisch-ordentlich waren die Deutschen: Vertrag ist Vertrag, Haftbefehl hin oder her. Mein Vater hatte tatsächlich die Nerven, zum Theater zu gehen und sich an der Kasse sein Geld auszahlen zu lassen. Damit fuhr er zum Flughafen und nahm die nächste Maschine in die Schweiz. Am Nachmittag erschien die Gestapo bei meiner Mutter und wollte ihn abholen.

Trotz seiner berühmten Freunde konnte er nicht in der Schweiz bleiben, er bekam dort keine Aufenthaltsgenehmigung. Die Schweizer verhielten sich auch nicht unbedingt fein gegenüber Emigranten, sie haben ja auch Joseph Schmidt im Lager sterben lassen.

Mein Vater ging zunächst nach Polen und gründete in Warschau eine jiddische Theatergruppe. In dem Stück »Der gelbe Fleck« – auf Jiddisch *Die gelle Latte* – von Friedrich Wolf spielte er den Professor Mamlock. Das war ein Riesenerfolg. An Lotte Lieven schrieb er damals:

»Heute war überraschend Dr. Wolf mit seinen Söhnen bei der Probe anwesend. Sie sind auf dem Weg nach Moskau. Sein Sohn Konrad will mal Regisseur werden, sein Sohn Markus Schauspieler.« Konrad Wolf wurde tatsächlich Regisseur und Markus Wolf so was ähnliches, nämlich Geheimdienst-Chef der DDR.

In Polen lebten damals drei Millionen Juden, die meinen Vater als großen Helden feierten, als einen von ihnen, der in Deutschland Karriere gemacht hatte. 1935 bekam er eine Einladung ans Kiewer Jiddische Theater, und er drehte auch einige Filme in Rußland, die ich aber nie gesehen habe. Einer hieß »Das letzte Lager«, da spielte er einen Zigeuner. 1936 begannen in Rußland die Säuberungs-Prozesse, 1937 wurde mein Vater verhaftet, aber nicht aus politischen Gründen, sondern wegen »unsoliden Lebenswandels«. Die Kommunisten sind ja nicht nur vollkommen humorlos, sie sind auch entsetzlich puritanisch. Vielleicht ist deswegen der Kommunismus so schwer zu ertragen.

Es ist jedoch höchst interessant, wer damals alles in Rußland war: Piscator versuchte, ausgerechnet in Engels, wo später die gesamte deutsche Bevölkerung deportiert wurde, ein deutsches Theater aufzubauen. Brecht war in Rußland und unglücklicherweise auch die Schauspielerin Carola Neher, die dafür mit dem Leben bezahlte. Überhaupt ist wohl der größte Teil der deutschen Kommunisten nicht lebend aus Rußland herausgekommen.

Aber Vater hatte wieder einmal Glück: Lion Feuchtwanger und Molotows Frau, die Jüdin war, setzten sich bei Stalin für ihn ein. Sie schrieben ihm einen Brief, daß

Alexander Granach ein berühmter Schauspieler sei und seine Verhaftung ein sehr schlechtes Licht auf Rußland werfe. So etwas zieht ja immer, auch heute noch: Schweinereien wollen sie alle machen, aber das Ansehen soll nicht darunter leiden. Also wurde er entlassen. Ein Jahr später besuchte er Lion Feuchtwanger in Hollywood und fiel vor ihm auf die Knie. Da kam Martha Feuchtwanger ins Zimmer und fragte: »Wer ist denn das?« Und Granach zeigte auf Feuchtwanger und sagte: »Das ist der Mann, der mir das Leben gerettet hat. Ich glaube, Sie sind mit ihm verheiratet.« Die Geschichte hat mir Martha Feuchtwanger erzählt, als ich sie lange nach dem Krieg in Amerika kennengelernt habe.

Von Rußland aus ging Vater nochmal in die Schweiz und spielte am Züricher Schauspielhaus »Macbeth« und »Danton«. Im Frühjahr 1938 fuhr er dann mit einem der allerletzten Schiffe von Lissabon nach New York. Dort kam er am 14. März 1938 an, völlig mittellos und ohne ein Wort Englisch zu sprechen. Was er vorfand, war seine Familie, seine Brüder und Schwestern, die schon in den zwanziger Jahren von Galizien nach Amerika ausgewandert waren und dort seitdem vergeblich ihr Glück suchten. Sogar seine alte Mutter war inzwischen in New York. Sie alle lebten in der Lower East Side und hatten selbst nichts. Im Gegensatz zu den anderen, die bekanntlich immer einen reichen Onkel in Amerika haben, mußte mein Vater dort noch seinen jüngsten Bruder mit durchfüttern. Er wohnte in New York in einem dieser Emigranten-Hotels und büffelte Englisch, was ihm anschei-

Alexander Granach

nend sehr schwer fiel. Damals begann er seine Memoiren zu schreiben.

In New York traf mein Vater Leopold Jessner wieder, und sie beschlossen gemeinsam, ein deutsches Theater zu gründen. Es gab wohl auch eine Aufführung, nämlich den »Wilhelm Tell«. Genau darauf hatten die Amerikaner ja die ganze Zeit gewartet: auf den Wilhelm Tell von deutschen Schauspielern in deutscher Sprache gespielt!

In Los Angeles entstanden zu der Zeit bereits die ersten Anti-Nazi-Filme, und mein Vater machte sich mit seinem jüngsten Bruder auf den Weg dorthin. Um SS-

Leute darzustellen, brauchte man nämlich Schauspieler mit deutschem Akzent, und das waren natürlich fast ausschließlich jüdische Schauspieler, die in Deutschland vor den Nazis davongelaufen waren. Die trugen dann kurioserweise SS-Uniformen und schrien herum und führten sich so auf, wie die amerikanischen Filmproduzenten sich die Nazis vorstellten. Oder sie spielten Gestapo-Agenten und trugen aus unbegreiflichen Gründen Melonen auf dem Kopf.

Ich war 1973 zu einer Ausstellungseröffnung in der Akademie der Künste in Berlin eingeladen, das Thema hieß »Deutsches Theater im Exil«. Ein gewisser Herr Trebitsch, der einmal so etwas wie die linke Hand von Max Reinhardt gewesen war, hielt eine Eröffnungsrede. Er sagte, daß in zweitausend Jahren die Archäologen wohl Filmrollen ausgraben und dabei vermutlich auch auf die amerikanischen Anti-Nazifilme stoßen werden. Und die Menschen werden die jüdischen Darsteller sehen und sagen: »Ja! Das sind sie, die Nazis. Genau so haben sie ausgesehen!« Aber wenigstens konnte man als Schauspieler in Hollywood von diesen Rollen leben, und mein Vater lebte nicht schlecht. Er blühte wieder auf: Er schmiß wieder mit Geld um sich, hatte einen großen Freundeskreis und seine Affären. Ich weiß das alles von meinem Cousin, der bei ihm wohnte.

Viele von Vaters alten Freunden aus Berlin kamen ebenfalls nach Hollywood: Bert Brecht arbeitete dort als Drehbuchautor; von ihm stammt das Drehbuch für den Film »Hangmen Also Die – Auch Henker müssen sterben«, und Fritz Lang führte Regie. Billy Wilder war da. Marlene Dietrich war da, und Elisabeth Bergner. Ernst Lubitsch war inzwischen bereits etabliert, und Alfred Polgar saß in einem Zimmer mit Papier und Bleistift und sollte Drehbücher schreiben. Döblin ging es nicht besser. Sie hatten es mehr oder weniger alle schwer in Amerika, ganz besonders die Schauspieler, und je berühmter sie in Deutschland gewesen waren, desto schlechter ging es ihnen in der Emigration. Im Grunde gibt es nichts Tragischeres als einen Schauspieler in einem fremden Land. Ein Schriftsteller kann schreiben. Ein Sänger kann in jeder Sprache singen. Aber ein Schauspieler ist stumm.

Mein Vater hatte nie Star-Allüren gehabt, und vielleicht fiel es ihm deshalb nicht so schwer, sich anzupassen. Er spielte Hauptrollen, aber auch viele kleine Nebenrollen, und er hatte offenbar keine Probleme damit. Zum Beispiel gab es den Film »1914 – die letzten Tage vor dem Weltbrand« mit Heinrich George in der Titelrolle. Ein schrecklicher Film. Da sagt George: »Ich werde ein Buch über die Freiheit und den Krieg schreiben ...« und löffelt dabei seine Suppe. Und dann fällt ein Schuß, und Heinrich George fällt kopfüber in die Suppe. Dann kommt Granach, löst sich aus der entsetzten Menge und spricht die überaus bedeutenden Sätze: »Jaurès ist tot! Ein Mann! Er wollte den Frieden ...« Damals hat man ja in den Filmen noch sehr langsam gesprochen, damit auch die letzte Reihe kapiert, was vor sich geht. Oder der nicht enden wollende Händedruck in »Kameradschaft«. Die Regisseure haben das Publikum für Idioten gehalten.

Vaters Traum war, auch in Amerika Theater zu spielen. Einmal ging er sogar mit einem Jiddischen Theater auf Tournee. Sie spielten Stücke über die Anarchie und den Sozialismus, über die Freiheit und das Ghetto. Für ihn waren das d i e jüdischen Themen schlechthin.

Aber die Leute verstanden unter Jiddischem Theater etwas anderes, sie waren Kitsch gewöhnt und wollten »Tewje der Milchmann« sehen und keine Stücke wie »Die Strafe Gottes«, in dem der Vater unten im Haus eine Kneipe mit Bordell führt und oben die fromme ahnungslose Tochter wohnt. Und am Ende landet die Tochter im Bordell. In Amerika war Jiddisches Theater der Vorläufer des Musicals. Zum Beispiel »*A Chassene im Schtetl* – Eine Hochzeit im Städtel«. Erst will die Tochter nicht, dann will der Bräutigam nicht, dann wollen die Eltern nicht, und dann wollen sie alle drei nicht. Aber am Ende wird alles gut.

Im Jiddischen Theater mußten unbedingt schreckliche Dinge passieren: Der eine verläßt die Frau, und der andere stirbt. Der eine fällt herunter, und der andere bricht sich das Genick. Auf dem Programmzettel stand geschrieben: »Eine Tragödie mit Gesang und Tanz«. Und wenn das Stück noch so dramatisch war, am Ende kamen die Schauspieler auf die Bühne, faßten sich an den Händen und tanzten und sangen. Man muß sich nichts vormachen: Jiddisches Theater war Schmiere mit großem Drama und großem Geschrei. Aber das Publikum war wohl das beste Publikum, das sich Schauspieler nur wünschen können. Es wollte am Ende den Bösewicht auf der Bühne wirklich verhauen.

Obwohl mein Vater in vielen Hollywood-Filmen mitspielte, »Ninotschka« zum Beispiel, oder »Wem die Stunde schlägt«, blieb sein Traum die Bühne. Den großen Durchbruch hatte er dann auch im Dezember 1944 am Broadway in »A Bell For Adano«, ein italienisches Kriegsstück. Er spielte bis zum letzten Moment, man mußte ihn von der Bühne herunterholen und ins Krankenhaus bringen, wo er am Blinddarm operiert wurde. Kurz darauf, am 14. April 1945, starb er an einer Embolie.

Der Rabbiner Joachim Prinz, der schon bei meiner *Bar Mizwa* dabei war, hat ihn beerdigt, und er erzählte mir später, daß er es gar nicht glauben konnte, daß Vater tot sei. Als er ihn in diesem New Yorker Krankenhaus liegen sah, hat er gesagt: »Mensch, Granach, mach keinen Blödsinn! Gut gespielt, aber jetzt steh auf!« Und immer, wenn ich Joachim Prinz später irgendwo traf, sagte er: »Granach, ich hab deinen Vater beerdigt.«

III.

Daß es in Hamburg dieses Heim gab, war wie ein Wunder. Es rettete mich davor, durch die Kamine von Auschwitz zu verschwinden. Hätte es dieses Heim nicht gegeben, wären Mutter und ich in Deutschland festgesessen. Wir hatten nicht einmal genug Geld, um nach Prag zu fahren, wie viele andere, die geflohen sind: Erst nach Österreich, dann nach Prag, dann nach Frankreich, dann nach Holland, und dann mit dem Schnellzug zurück nach Auschwitz. Selbst dafür hatten wir kein Geld.

Also fuhr ich im Juni 1933 mit dem Nachtzug nach Hamburg, und damit nahm mein Leben eine Wende. Ich tat das, was damals Tausende von jungen Juden taten, nämlich umdenken: Nicht Doktor werden und nicht Rechtsanwalt, keinen literarischen Beruf ergreifen und auch nicht als Kameramann zum Film gehen oder gar eine Karriere als Schauspieler anstreben, sondern ganz einfach ein Handwerk erlernen und sich auf das Leben in Palästina vorbereiten. Für uns war das die einzige Alternative.

Das *Hachscharah*-Zentrum in Hamburg war eine Art Stadt-Kibbuz. Es gab drei davon, wir wohnten im *Beth Chaluz* – dem Haus des Pioniers – in der Beneckestrasse 6. Das Haus gehörte der Jüdischen Gemeinde. Die etwa vierzig Jungen und Mädchen, die dort zusammen lebten, hatten alle ihren Ausbildungsplatz irgendwo in Hamburg bei deutschen Firmen. Sie arbeiteten als Gärtnter, Landarbeiter, Anstreicher oder als Maurer.

D e r Beruf für Palästina war Backofenbauer, also wurde ich an die Firma Karl Ehmke vermittelt. Dort war ich der Jüngste und mußte immer in den Ofen reinkriechen und die Sachen installieren. Für mich waren das herrliche Jahre. Ich war jung, ich hatte einen Arbeitsplatz, und die Kollegen waren alle nett zu mir, obwohl sie wußten, daß ich Jude war. Ich erzählte ihnen, daß ich nach Palästina auswandern würde, und sie versuchten immer, mich davon abzubringen: »Das is man sehr heiß da unten. Und mit Hitler, das wird ja bald wieder vorüber sein. Es wird alles nicht so heiß gegessen, wie es gekocht wird. Nu, bleib man besser hier, mien Jung!« Die meinten es gut, die glaubten, was sie sagten. Später kam ich dann zum Bau und lernte Maurer. So paradox es klingen mag: Meine Hamburger Zeit zwischen 1933 und 1936 war sorglos und glücklich.

Im *Beth Chaluz* bekamen wir eine solide handwerkliche Ausbildung und entwickelten nach und nach eine richtige Zions-Sehnsucht. Wir wollten unbedingt ins Gelobte Land! Wir sangen hebräische Lieder, lernten zionistische und jüdische Geschichte und wurden darauf vorbereitet, unsere ganze Kraft dafür einzusetzen, in Palästina einen jüdischen Staat zu gründen. Einen Staat, in dem Juden endlich zur Ruhe kommen können und auch diejenigen, die dort nicht wohnen werden, einen Rück-

Hamburg um 1935 (Gad Granach mit Akkordeon)

halt haben. So ist es ja dann auch gekommen: Juden können heute zwar fast überall auf der Welt leben, aber wenn ein Land sie nicht mehr haben möchte, sind in Israel immer noch die Türen offen. Wo soviel Platz ist, wird noch mehr Platz sein, und zwar in Israel selbst, nicht in den besetzten Gebieten. Mit den Einwanderern ist es wie mit den Leuten im Autobus: Diejenigen, die drin sind, schreien *Gewalt!* und wollen die Tür zumachen und nix wie weg. Sie stehen in der Mitte, und keiner will nach hinten rücken, alle wollen möglichst vorne beim Chauffeur sein. Und alle rufen: »Der Bus ist voll!« Aber es ist immer noch Platz, es ist noch sehr viel Platz.

Für die Hamburger Juden waren wir damals Helden. Wir wurden von den jüdischen Großbürgern bestaunt für

Hamburg um 1935 (Gad Granach ganz rechts)

unseren Mut, dieses wilde Land aufbauen zu wollen. Wir waren ihre Zukunft. Die bürgerlichen Jugendlichen kamen, um uns zu bewundern – auch die hübschen jungen Mädchen – und da damals alles zusammenfiel, fiel auch die Moral. Wir kamen uns vor wie die Füchse im Hühnerstall, es war wunderbar. Die Hamburger Juden luden uns ein und spendeten uns Geld, aber sie selbst wären niemals bereit gewesen, nach Palästina auszuwandern. Nicht ohne Grund wurde damals der Spruch erfunden: »Ein Zionist ist einer, der einen reichen Juden überzeugt, einem dritten Juden Geld zu geben, damit der nach Palästina auswandern kann.« Natürlich gab es auch ausgesprochene Anti-Zionisten, das waren die Unverbesserlichen, die fest davon überzeugt waren, ihr Platz sei in Deutschland. Die sind ja noch mit dem »Eisernen Kreuz«

am Kragen nach Auschwitz gefahren und haben bis zuletzt nicht gemerkt, wo sie waren.

In der Hamburger Zeit passierten die verrücktesten Sachen. Als »Nichtarier« wurde man zwar nicht zur Wehrmacht eingezogen, aber man wurde gemustert. Auch ich wurde zur Musterung bestellt. Am Ende der Prozedur fragte mich der kommandierende Offizier: »Na, zu welcher Truppe wollen Sie denn, junger Mann?« Daraufhin sagte ich: »Ich will zu gar keiner Truppe.« – »Ja, warum denn nicht?« – »Ich bin Nichtarier.« Darauf er: »Na, das ist ja eine Schweinerei!« Neben mir stand ein Hüne, zwei Meter groß, Hände wie Schaufeln, ebenfalls ein »Nichtarier«. Die Wehrmachtsoffiziere sind fast irre geworden. Da stand so gutes Material für Kanonenfutter vor ihnen, und sie konnten es nicht benutzen. Ich kam zur Ersatzreserve II.

Anders als in Berlin spürte man in Hamburg noch nicht so viel von den Nazis. Wir hatten lediglich Schwierigkeiten mit der Ortsgruppe der Hitlerjugend, die nachts immer wieder unser Haus stürmen wollte. Wir waren dort mindestens 40 Juden auf einem Fleck, was für die ja sehr praktisch war. Es nützte gar nichts, ihnen zu erklären, daß der Aufwand sich gar nicht lohne, weil wir sowieso bald weg wären – die wollten unbedingt zuschlagen. Einer von uns war ein Fachmann für Jiu-Jitsu, der hat eine ganze HJ-Gruppe fertiggemacht. Die bekamen von dem solche Prügel, daß sie sich nicht mehr hertrauten. Wir anderen kuckten aus dem Fenster raus und schauten zu, wie er einen nach dem anderen zusammenschlug. Die lagen alle auf dem Pflaster, und hinterher war Ruhe.

Bis auf die zionistischen Versammlungen, die man hätte besuchen müssen, war die *Hachscharah* herrlich! Ich bin zu keinem dieser Treffen gegangen, denn schließlich kannte ich sämtliche Sprüche schon von der kommunistischen Jugend, wo ich genügend indoktriniert worden war. Ich konnte zwischen Theorie und Praxis bereits sehr gut unterscheiden. Und an die Diktatur des Proletariats hatte ich schon bei den Kommunisten nicht geglaubt. Regieren sollen die Leute, die Stil haben und etwas gelernt haben, nicht die Proleten, die nur die ganzen Slogans auswendig können. Und so war es auch auf der *Hachscharah*. Mir war klar: Wenn wir nach Palästina kommen, werden wir arbeiten und einfach das tun müssen, was notwendig ist. Es gab ja schon damals Unruhen zwischen Juden und Arabern, und ich wußte genau, daß es hart auf hart gehen würde und daß uns dann das ganze theoretische Geschwätz nicht weiterhilft.

Aufgrund meiner Haltung wurde ich ziemlich lange als »zionistisch unreif« eingestuft, wobei erschwerend hinzukam, daß ich die Hebräisch-Kurse nicht regelmäßig besuchte. Ich hatte für Hebräisch einen schweren Kopf. Plattdeutsch dagegen lernte ich sofort, aber damit konnte man in Palästina nichts anfangen. Nach drei Jahren schlug ich Krach und machte denen klar, daß ich zwar möglicherweise kein lupenreiner Zionist, dafür aber ein guter Maurer sei. Am Ende wurde ich tatsächlich für würdig befunden, dem jüdischen Volke dienend zugeführt zu werden. Ich bekam endlich mein Zertifikat. Das war 1936, und es war nicht mehr zu früh!

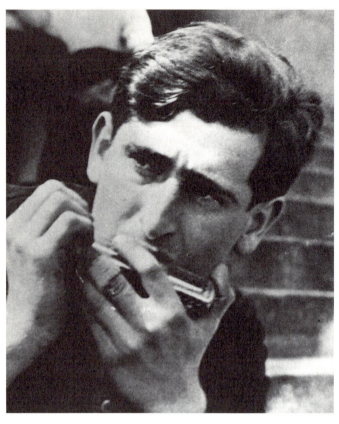

Auf dem jüdischen Sportfest in Bremen 1935

Ich fuhr nach Berlin, packte meine Koffer und verabschiedete mich von meiner Mutter am Lehrter Bahnhof. Wir beide wußten, es könnte ein Abschied fürs Leben sein, denn wir hatten ja keine Ahnung, wie sie nachkommen könnte. Aber sie war sehr tapfer. Sie war glücklich, daß wenigstens ich aus Deutschland herauskam. Es fuhr ein ganzer Zug voll mit jungen Leuten, die, wie ich,

Arbeiterzertifikate besaßen. Deren Familien standen am Bahnsteig, es waren bestimmt tausend Menschen, die dort Abschied nahmen und weinten. Und mittendrin die Bahnpolizei mit ihren Hunden und mit ihren reizenden Kommentaren: »Warum fahrt ihr denn nicht gleich alle? Haut doch alle ab, fahrt doch!« Das waren die letzten Deutschen, die wir sahen. Ein übles Pack. Sie machten uns den Abschied sehr leicht.

IV.

Es war höchste Zeit, daß die Juden etwas für sich selbst taten und endlich aufhörten, sich länger ungebeten in die Angelegenheiten anderer Leute zu mischen. Überall haben sie sich einmischen müssen – wozu? Bei der russischen Revolution waren die Juden an vorderster Stelle. Hat es ihnen irgendetwas gebracht? War das nötig, daß Rosa Luxemburg erschossen wurde? Für wen? Für die deutschen Arbeiter etwa? Als ob die deutschen Arbeiter eine Revolution wollten! Die deutschen Arbeiter wollten ihren Kaiser wiederhaben, aber Rosa Luxemburg hat sich erschießen lassen. Und Walther Rathenau! Wofür wurde er denn erschossen? Mich persönlich ärgert das, ich werde richtig böse darüber. Die Juden haben nie etwas für sich selbst gemacht, und all diese Köpfe, hätten sie sich für ihr eigenes Volk eingesetzt, was hätten sie nicht alles bewirken können. Vielleicht würde es heute in Israel anders aussehen.

Auf der Überfahrt von Triest nach Palästina benahmen wir uns genau so, wie es im zionistischen Programm steht: sehr enthusiastisch. Wir haben die ganze Nacht gefeiert und getanzt. Einmal kam einer und sagte: »Wie könnt ihr tanzen, wenn in Palästina jüdisches Blut vergossen wird?« Da sagte ich: »Genau deswegen möchte ich noch einmal tanzen!« Als wir im Morgengrauen endlich die Silhouette von Haifa sahen, waren wir sehr aufgeregt. Wir betraten *Erez Israel* gegen 6 Uhr früh an einem Junitag im Jahr 1936. Am Anfang dachte ich, ich sei auf der falschen Hochzeit, denn am Hafen von Haifa liefen die hauranischen Arbeiter in ihren bunten Fetzen herum und hatten blau untermalte Augen. Die sahen alle aus, wie bei Dschingis Khan. Ich hörte, wie ein vornehmer deutscher Jude entsetzt zu seinem Sohn sagte: »Herbert, ich glaube, wir sind zehn Jahre zu früh!«

Wir wurden sofort in Autobusse verfrachtet und in Einwanderungsheime gebracht. Nunmehr waren wir *Chaluzim*, Pioniere. Ich kann mich noch gut daran erinnern, daß ich sofort in die Stadt ging, um mich neu ein-

Der Hafen von Haifa

Arabische Hafenpolizisten

zukleiden, denn ich wollte auf keinen Fall länger mit den Winterkleidern aus Deutschland herumlaufen, an denen mich jeder sofort als Neueinwanderer erkennen konnte. Ich kaufte mir Khakihosen, Khakihemden und einen Tropenhelm, und als ich damit zurück ins Einwandererheim kam, haben alle gelacht. Der Helm lag nachher im Kibbuz auf meinem Schrank.

Nach und nach trafen wir unsere alten Kameraden aus der *Hachscharah* wieder, die schon längere Zeit in Palästina waren. Die hatten alle ganz plötzlich die deutsche Sprache vergessen, sie sprachen nur noch Hebräisch untereinander, und das machte natürlich einen Rieseneindruck auf uns. Heute weiß ich: Die konnten noch gar nicht richtig Hebräisch, die haben uns nur etwas vorgespielt, damit wir uns noch miserabler fühlten.

Nach zwei Wochen wurden wir dem Kibbuz Schwajim zugeteilt und bekamen erst einmal einen schweren Kulturschock. Wir hätten eigentlich in einen Kibbuz gewollt, in dem Leute aus Deutschland waren, die wir schon kannten, aber das ging angeblich nicht. Statt dessen machten sie mit uns ein Experiment: Man wollte sehen, wie westeuropäische Juden sich mit Ostjuden vertrugen. Westjuden zusammen mit *Sabres,* im Lande geborenen Juden, funktionierte bestens, das hatte man bereits herausgefunden. In Schwajim jedoch lebten seit 1933 etwa 150 Polen, Letten und Russen, das war einer der ärmsten Kibbuzim im ganzen Lande. Er besaß wenig Grund und Boden und war auf Außenarbeit angewiesen.

Als wir ankamen, war von einem Kibbuz noch kaum etwas zu sehen. Außer einem Steinhaus für die Kinder gab es keine Gebäude. Die Erwachsenen lebten in Zelten und Baracken. Das erste, was die jüdischen Einwanderer machten, als sie ins Land kamen: Sie haben Bäume gepflanzt. Vor einigen Jahren war eine ägyptische Journalistin bei mir zu Besuch, die zuvor durch das Land gefahren war. Sie sagte zu mir: »Interessant, daß sich die Juden an den schönsten Plätzen angesiedelt haben.« Ich hab gedacht, ich hör nicht recht. Die Frau hatte überhaupt nichts begriffen. Als ich 1936 nach Schwajim kam, war da nackter Arsch, wir haben dort die ersten Bäume gepflanzt. Ich kann mich noch gut erinnern, wie wir an *Tu Bi Schewat*, das ist das jüdische Neujahrsfest der Bäume im Frühjahr, die erste Allee gesetzt haben, kleine zarte Bäumchen. Und 50 Jahre später kommt da eine Journalistin aus Ägypten an und sagt: »Interessant, daß sich die Juden an den schönsten Plätzen angesiedelt haben.« Uns haben sie stets die schlechtesten Plätze verkauft, nur Steinwüsten und Sümpfe, aber wir haben das Beste daraus gemacht. Ich bin wirklich kein großer Zionist, denn ich lebe in Israel, da brauche ich kein Zionist zu sein, aber daß wir das Land bepflanzt haben, ist nun einmal eine Tatsache.

Schwajim ist heute ein blühender Ort, eine halbe Stunde von Tel Aviv entfernt. Damals gab es noch nicht mal eine Straße dorthin, die endete in Herzlija, den Rest mußte man kilometerweit zu Fuß gehen. Aber am Anfang war für uns alles derartig neu und aufregend, daß wir nicht einmal dazu kamen, uns zu wundern. Erst nach und nach merkten wir, daß wir nicht mehr in Hamburg waren. Die Umgangssprache im Kibbuz war Jiddisch, und so habe ich anstatt Hebräisch Jiddisch gelernt, das war mir auch lieber. Wenn mich einer bei der Arbeit auf Hebräisch ansprach, habe ich immer gesagt: »*Chawer*, red' Jiddisch!« Bei der Hitze zu arbeiten und dann auch noch Hebräisch sprechen, war wirklich zuviel verlangt. Jiddisch hingegen ging von alleine. Nicht umsonst heißt es: »Deutsch spricht man, aber Jiddisch red't sich.«

Von meinem ersten Tag an war in Palästina immer etwas los. 1936 hatten schon die arabischen Unruhen begonnen. Erst 1939, als die Engländer keine Juden mehr ins Land ließen, war Ruhe. Bis dahin wurde jede Nacht geschossen. Mich haben besonders die *Gaffirim* beeindruckt, die jungen jüdischen Hilfspolizisten mit ihren Gewehren; das waren nämlich die ersten Juden mit Gewehren, die ich in meinem Leben sah! Nach zwei Wochen bin ich auch *Gaffir* geworden. Das dürfte jedoch das erste und letzte Mal gewesen sein, daß ich mich für irgendetwas freiwillig gemeldet habe.

Die *Jewish Settlement Police* wurde von der *Jewish Agency* organisiert, war aber der britischen Polizei unterstellt. Die Engländer hatten jedoch kein großes Interesse daran, uns allzuviel beizubringen, wir lernten von ihnen nur überflüssigen englischen Militärdrill – Strammstehen, Exerzieren, Gewehrüber, Knöppe putzen und Griffe kloppen und ähnlichen Quatsch. Bald konnten wir so gut exerzieren, daß wir für die königliche Ehrengarde getaugt hätten. Unsere Vorgesetzten wollten mit uns den Wanderpokal gewinnen, der jedes Jahr vergeben wurde; es war vollkommen meschugge. Der größte Witz aber waren die englischen Befehle, da fast keiner von uns Englisch verstand. Wir achteten wie dressierte Hunde nur auf die Betonungen. Da ich der einzige war, der etwas Englisch konnte, haben immer alle auf mich geschaut. Und wenn der vorne sagte »right!«, und ich ging aus Versehen links, dann gingen alle anderen auch links.

Zum Wett-Exerzieren ließen sie uns immer auf einen Tennisplatz marschieren. Einer der sogenannten »Feldwebel«, ein Jude, wollte sich besonders hervortun, in-

Als Hilfspolizist in Palästina 1936
Bild oben: Dritter von rechts; Bild unten: Zweiter von links

dem er seinen Leuten befahl, sich auf den Boden zu werfen. Aber dann vergaß er unglücklicherweise, wie das englische Kommando für »Aufstehen« heißt. Als unsere Kompanie dann an denen vorbeimarschierte, fragte er uns auf Jiddisch, ob wir es wüßten. Da hat unser Korporal gesagt, wir sollen die Klappe halten, die sollen gefälligst liegenbleiben, denn das geschehe ihnen recht. Die liegen wahrscheinlich heute noch da, und wir haben den Wanderpokal gewonnen. Es war alles sehr komisch, aber sie hätten uns besser etwas Nützliches machen lassen sollen.

Wir hatten halb englische, halb türkische Uniformen, und als Kopfbedeckung trugen wir Pelzmützen. Das sah sehr schick aus und kam uns hochromantisch vor, einige ritten sogar auf Pferden. Aber die Romantik war bald beim Teufel, denn Schwajim war umgeben von Niemandsland, die Araber legten nachts Landminen und beschossen uns ständig aus dem Nachbardorf. Jede Nacht mußten wir in Betonbunkern sitzen und Wache schieben. So hatten wir uns unsere Rettung vor den Nazis nicht vorgestellt.

Auch sonst war das Leben in Schwajim anfangs nicht einfach für uns. Ein Glück war jedoch, daß wir eine Gruppe von 25 Leuten aus Hamburg waren, so konnte einer dem anderen helfen. Aber Heimweh hatten wir keine Sekunde, im Gegenteil: Wir waren heilfroh, Deutschland entkommen zu sein. Natürlich konnten wir Deutschland nicht vergessen, wir hatten unsere deutschen Bücher mitgebracht, wir hatten im Koffer unser ganzes deutsches

Kulturgut. Die Bücher fanden wir später in den Zimmern der Polen. Bei denen mußten doch die Kissen immer mit einem Knick in der Mitte aufrecht auf den Betten stehen. Ich habe mir die ganze Zeit überlegt, wie es kommt, daß die Kissen nicht umkippen, bis ich dahinterkam: Das waren Schiller, Goethe und Heine, die standen alle da und stützten die Kopfkissen der Polen.

Es gab ständig Spannungen zwischen den Ostjuden und uns deutschen Juden; der Kulturunterschied war einfach zu groß. Wir hatten andere Lebensgewohnheiten, kleideten uns anders, aßen anders und richteten unsere Zimmer anders ein. Die Ostjuden sahen auf uns herab, und wir machten uns über sie lustig. Natürlich kamen wir uns intelligenter vor und bildeten uns etwas ein auf unsere Kultur. Und die Polen sagten völlig zu Recht: »Ihr mit eurer Kultur! Was habt ihr nun davon? Was ist euch denn geblieben von eurem Goethe?«

Abends saßen wir alle im Gemeinschaftsraum und lasen Zeitung. »Dawar« war die einzige hebräische Zeitung, die es damals gab. Sie wurde immer in vier Teile gerissen, damit mehrere gleichzeitig darin lesen konnten. Eines Tages, als gerade wieder Zeitungen mit neuen Nachrichten aus Deutschland angekommen waren, kam einer auf mich zu und sagte: »Da, gib a Kick, was dein Hitler tut! – Da schau dir an, was dein Hitler macht!« In Deutschland war ich der Saujud gewesen, und hier war ich der Vertreter des Großdeutschen Reichs. Da kam es manchmal sogar zu Schlägereien. *Jeckepotz* war ein oft gebrauchtes Schimpfwort. Da gibt es doch den Witz von dem Kind deutscher Juden, das von der Schule nach

Hause kommt und sagt: »Sie sagen alle zu mir, ich sei das Kind eines ›Jeckepotz‹. Was ist das überhaupt?« Sagt der Vater: »Das kann ich dir genau sagen: ›Jecke‹, weil wir aus Deutschland gekommen sind und ›Potz‹, weil wir hiergeblieben sind.«

In Schwajim konnte man auf den ersten Blick das Zimmer eines Ostjuden vom Zimmer eines *Jecken* unterscheiden. Bei den Polen mußte immer alles blütenweiß und ordentlich sein, bei uns hingegen war es bunt und wohnlich. Wir hängten Drucke unserer Lieblingsmaler an die Wände: Die Sonnenblumen von van Gogh, die Pferde von Marc, die Bilder von Klee und Picasso, die nackte Dame von Modigliani mit dem langen Hals und den zu dicken Schenkeln, und das gefiel den Ostjuden überhaupt nicht. Dafür fanden wir ihre Sachen unmöglich. Bei ihnen hingen Teppiche an den Wänden, die man im Bazar kaufen konnte: Jerusalem bei Sonnenuntergang mit dem Davids-Turm im Hintergrund und vorne zwei Kamele. Darunter war aufgestickt: »Yerushalaijm«. Tucholsky hat einmal gesagt: Wie gut, daß auf einem Aschenbecher »Aschenbecher« steht, damit man nicht glaubt, es sei ein Krokodil.

Und dann das Essen! Das Essen im Kibbuz war einfach grauenhaft. Es gab zum Beispiel keine Kartoffeln, weil sie die fixe Idee hatten, die würden in unserem Kibbuz nicht wachsen. Dafür gab es Unmengen von Brot, denn die Ostjuden essen zu allem Brot. Es kam überhaupt alles auf den Tisch, was sie von zu Hause kannten, zum Beispiel Milchsuppe und Hering, ein unmögliches Gericht, das war bessere Gefängniskost. Dann gab es auch Schwarze Kasche, das ist Buchweizenbrei und stinkt wie ein alter Kleiderschrank, der seit einem Jahr nicht geöffnet wurde. Schwarze Kasche ist etwas Fürchterliches. Wer das essen kann, muß unbedingt in Osteuropa geboren sein.

Der Kulturkampf tobte an allen Ecken – wir konnten nicht verstehen, w a s die Polen aßen, und die Polen konnten nicht verstehen, w i e wir aßen. Sie fanden es zum Beispiel unmöglich, daß wir mit geschlossenem Mund aßen und haben das immer nachgemacht. »Na ja, die *Jeckes*!«, sagten sie spöttisch und kauten demonstrativ mit geschlossenem Mund. Das fanden sie affig, so ißt man doch nicht! Man ißt doch mit offenem Mund und schmatzt, damit die Welt sieht, daß es schmeckt.

Unsere Grundnahrung bestand aus Auberginen, auf hebräisch *Chatzelim*. Aus *Chatzelim* kann man außer Schuhsohlen alles machen, und so haben wir im Kibbuz *Chatzelim* gegessen, bis uns das Zeug aus den Ohren rauswuchs. Sie machten aus *Chatzelim* Steaks, und sie machten daraus panierte Schnitzel. Sie machten aus *Chatzelim* auch gehackte Leber. Sie machten aus *Chatzelim* süßes Kompott, und sie machten daraus eine saure Vorspeise. Sie machten aus *Chatzelim* Gulasch, und sie machten sie kalt, und sie machten sie warm. Und erst der *Chatzelim*-Salat! Der wird aus dem Inneren der Frucht gemacht, und das sieht dann so grau aus wie Klebstoff. Wir haben nachts von *Chatzelim* geträumt. Dann haben sie aus *Chatzelim* auch noch Marmelade gemacht, und das war wirklich das Allerletzte. Man ist irre davon geworden. Man kam im Kibbuz morgens zum Frühstück in den Speisesaal, und das Zeug lag bereits auf dem Teller. Da hatte man schon genug für den ganzen Tag. Und nun wundern sich die Leute, daß ich bis heute nicht besonders scharf auf Auberginen bin.

War man im Kibbuz krank, durfte man am Krankentisch sitzen und bekam zu den unvermeidlichen Auberginen noch ein hartgekochtes Ei zum Frühstück, egal was einem fehlte. Ob man einen verdorbenen Magen hatte, ob man sich die Hand gebrochen hatte oder gerade frisch operiert war, spielte keine Rolle – immer hat man ein Ei bekommen. Die Eier wurden schon um fünf Uhr früh gekocht, damit man, gottbehüte nicht übermütig wurde und dachte, man könnte ein warmes und vor allen Din-

Das Einwanderungszertifikat vom 30.6.1936

gen weiches Ei essen. Nein, das Ei war hart und blieb einem im Hals stecken. Und da gab es welche – die sind wahrscheinlich später Spekulanten geworden – die haben das Ei nicht gleich gegessen, sondern es sich in die Tasche gesteckt. Für später. Bei der nächsten Mahlzeit, wenn die anderen kein Ei mehr hatten, holten sie ihres heraus und legten es auf den Tisch. Dann schauten alle auf das Ei.

Einmal hatte sich einer sein Ei in die Brusttasche gesteckt – ich weiß es noch genau, es war Chanan Herschkowitz – und dummerweise war dieses Ei ausnahmsweise weichgekocht. Wir arbeiteten draußen im Orangen-Hain und Chanan hatte sich das Ei für die Fünf-Uhr-Pause aufgehoben. Auf einem großen Tisch lagen für uns Brot und Apfelsinen, denn auch zur Pause mußten wir noch Apfelsinen bekommen – als ob wir bei der Ernte nicht schon genug davon gegessen hätten. Und Chanan war stolz, weil er wußte, daß er gleich zu seinem Brot noch ein Ei haben würde. Als er jedoch in die Tasche faßte, war das Ei zerdrückt. Keiner hat ein Wort gesagt, wir sahen nur seine gelben Finger und freuten uns alle sehr. Das war die Strafe Gottes. Du sollst keine Spekulationen mit Eiern machen, schon gar nicht, wenn du nicht weißt, ob sie wirklich hart gekocht sind!

Mit den Mädchen im Kibbuz hatten wir auch unsere Probleme, denn die benahmen sich hier vollkommen anders als in Deutschland. In Deutschland konnte man davon ausgehen: Wenn sich ein Mädchen küssen läßt, ist alles klar. Die polnischen Mädchen hingegen gingen

Im Kibbuz Schwajim 1937

mit uns ins Heu und ließen sich abknutschen, aber immer nur bis zum Gürtel, dann war Schluß. Vom Gürtel abwärts wurden sie moralisch.

Da die Polen hervorragende Schneider sind, wurde bei uns in der Schneiderei alles selbst hergestellt, sogar Büstenhalter, die hinten so geschnürt wurden. Es handelte sich um regelrechte Panzereinheiten mit doppelt genähter Spitze, an der man sich die Augen ausstechen konnte. Die Mädchen trugen also diese geschnürten Mieder, und um die aufzumachen, brauchte man einen Mechaniker. Ich hab immer befürchtet, meine Hand bleibt drin, und ich krieg sie nie mehr raus.

Im Kibbuz ließ es sich gut leben, wenn man verheiratet war. War obendrein die Frau noch schwanger, hatte man das Paradies auf Erden, denn dann konnte man die Schwangerschaftskost mitessen. Schwangere Frauen bekamen nämlich jeden Tag Huhn, und es wundert mich heute noch, daß die Kinder hinterher nicht wie Hühner aussahen. Jeden Tag ein Viertel gekochtes Huhn, wobei das Huhn doppelt tot war: einmal geschlachtet und zusätzlich totgekocht. Trotzdem haben wir neidisch daraufgeblickt. Die verheirateten Männer durften nicht nur die blassen Hühner ihrer noch blasseren Frauen essen, weil denen ja ständig übel war – sie teilten sogar mit ihnen ein eigenes Zimmer. Wir Unverheirateten dagegen lebten zu viert in einem Raum, hatten kein Privatleben und erst recht kein Liebesleben. Unser Liebesleben fand im Freien statt, sozusagen hinterm Kuhstall. Wir waren zwar sehr jung, aber man macht's ja nicht immer gerne im Stehen, man will's doch auch mal ein bißchen bequem haben. Aber dazu hätte man heiraten müssen.

Heiraten funktionierte so: Man ging zum *Maskir*, das war der Kibbuz-Sekretär und sagte: »Ich gehe jetzt mit Chana, Chava oder Rachel.« Dann erst bekam man ein *Cheder Mischpacha*, ein Zimmer mit der Liebsten. In der Küche wurde ein Kuchen gebacken, auf dem *Massel tow* stand, und das war es dann schon. Einmal im Jahr kam nach Schwajim der Rabbiner und hat am laufenden Band beschnitten und andere Sachen gemacht. Gegessen hat er bei uns jedoch nicht, denn der Kibbuz war schließlich nicht koscher.

Ich war zwei Jahre mit einem Mädchen im *Cheder Mischpacha*. Eines Tages, als ich von der Arbeit kam – ich arbeitete damals bei der Hilfspolizei und erinnere mich noch gut, daß wir auf dem Nachhauseweg beschossen wurden – sah ich, daß alle meine Sachen auf dem

Rasen vor unserem Zimmer lagen. Sie hat mich hinausgeschmissen, aber das ist ein anderes Thema.

Anfangs, als noch Wohnungsnot war, mußten sogar die verheirateten Paare einen Dritten mit ins Zimmer nehmen, den nannte man den »Primus«. Primus, so hieß eigentlich der Petroleumofen, der immer in der Ecke stand und Wasser kochte. Den Leuten einen »Primus« ins Zimmer zu setzen, wäre genaugenommen selbst in den Zeiten der Wohnungsnot nicht nötig gewesen, aber der ganze Kibbuz bestand aus unnötigen Schikanen. Man hat sich das Leben prinzipiell besonders schwer gemacht, denn man war der Ansicht, das gehört zum Aufbau des Landes. Wenn sie uns ein Paar Nägel ins Bett gelegt hätten, so hätten wir das auch hingenommen. Aber wirklich ganz ungeheuerlich war die Diskriminierung der Unverheirateten.

Irgendwann reichte es mir dann, für andere Leute zu arbeiten. Die machten die Kinder, und ich habe geschuftet. Gemeinsam mit einem Kameraden aus Lettland, der ebenfalls nicht verheiratet war, habe ich eines Tages Erdwälle um die Orangenbäume herum aufgeschüttet, das mußte alles ganz schnell gehen. Und der *Chawer* aus Lettland sagte bei jedem Baum, den er in Angriff nahm, wütend: »Noch ein Erdwall für ein Kind aus dem Kibbuz! Noch ein Erdwall für ein Kind aus dem Kibbuz!«

Ich habe so ziemlich jede nur denkbare Arbeit verrichtet: Ich war Dachdecker, Glaser, Betongießer und natürlich Maurer und Putzer. Dank meiner handwerklichen Ausbildung war ich in Palästina in der Tat sehr gefragt.

Feldarbeit im Kibbuz

Die vielen Akademiker, die damals aus Deutschland eingewandert sind, die Rechtsanwälte, Wissenschaftler und Ärzte, hatten es sehr viel schwerer, einen Job zu finden. Damals erzählte man sich die schöne Geschichte, wie ein Autobus mit dreißig Arbeitern in eine Orangenplantage fährt, und auf einmal wird einer von ihnen ohnmächtig, denn es ist sehr heiß. Der Chauffeur hält an und 29 Männer springen auf und schreien: »Ich bin Arzt! Ich bin Arzt!« Da sagt der Chauffeur: »Ruhe, meine Herren Kollegen, in meinem Bus behandle ich!« So war es tatsächlich. Akademiker waren nicht besonders hoch angesehen, die verdienten ja nichts, die Aristokraten in Palästina waren damals die Busfahrer. Gleich danach kamen die Maurer.

Ich hatte eine Cousine hier, die ging mit einem Busfahrer, das war eine große Sache! Busfahrer waren übrigens meistens Kinder reicher Eltern, die ihr Geld nicht aus Deutschland herausschaffen konnten, wohl aber Waren. Sie kauften sich in Deutschland einen Bus oder ein Taxi und kamen damit in Palästina an. In Haifa gehörte zum Beispiel jede Linie zu einer anderen Kooperative, man erkannte sie an den verschiedenen Farben. Die Linie 4 fuhr den Berg hinauf, wo die besseren Leute wohnten, und die Fahrer des »Vierer« waren auch die besseren Leute. Die Chauffeure haben es alle den Engländern nachgemacht: Sie trugen Khaki-Hemd und kurze Khaki-Hosen und Wollstrümpfe, in denen seitlich eine Pfeife steckte. Viele Bus-Kooperativen und Taxi-Kompanien wurden von *Jeckes* gegründet.

Damals habe ich auch Kamelkarawanen geführt. Der Kibbuz Schwajim war etwa einen Kilometer vom Meer entfernt, und der Strand gehörte uns. Dort wurde der Bausand zusammengekratzt, auf die Kamele geladen und dann auf die Baustellen gebracht. Wir besaßen zwölf Kamele, die wir Arabern in Beer Schewa abgekauft hatten. Sie verkauften uns jedoch niemals weibliche Kamele, damit wir keine eigene Zucht betreiben konnten.

Es war kein leichtes, aber ein aufregendes und freies Leben. Jeder Tag war interessant. Vielleicht klingt es zynisch, aber manchmal habe ich mir gedacht, daß ich das alles Hitler zu verdanken habe. Wir haben ihn deswegen auch immer den »Herführer« genannt, weil er uns hierher geführt hatte. Sehnsucht nach Deutschland hatten wir nicht, höchstens ab und zu Sehnsucht danach, im Sommer am Himmel ein paar Wolken zu sehen. Der ewig strahlend blaue Himmel geht einem nämlich genauso auf die Nerven wie das ewige Grau in Deutschland. Oder einmal wieder einen richtigen tiefen, dunklen Wald zu sehen, nicht solche Wälder wie bei uns, voller verstaubter Bäume. Die Deutschen sehnen sich dafür nach Sonne. Man sehnt sich immer nach dem, was man nicht hat.

Meine Mutter kam 1937. Mir war es zum Glück gelungen, Einwanderungspapiere für sie zu besorgen, was nicht ganz einfach war, denn in erster Linie wollte man natürlich junge Menschen ins Land holen. Die älteren hatte man zwar nicht abgeschrieben, aber es war auch kein Zufall, daß man im Kibbuz ein jiddisches Lied sang, in dem es hieß »Tate und Mame, längst schon vergessen.« Ich habe mich über das Lied immer geärgert.

Mutter war sehr glücklich, daß sie draußen war. Zwei ihrer Schwestern, Tante Hedel und Tante Emma, hatten es nicht geschafft, sie endeten in Lodz, wie ein großer Teil der Berliner Juden. Aber davon hatten wir zu dem Zeitpunkt noch keine Ahnung.

Tante Johanna, die ältere Schwester meiner Mutter, war bereits 1935 nach Palästina gekommen. Sie war die Haushälterin eines Rechtsanwalts namens Nothmann aus Breslau, wir nannten ihn nur »RA«. Mit ihm zusammen

Kibbuz Schwaijm um 1937

Im Kibbuz Schwajim 1939

kam sie hierher. Die beiden bauten sich ein Haus und einen Hühnerstall in Rischon Le Zion und betrieben Hühnerzucht nach *jeckischer* Art. Der RA war geschieden, meine Tante war Witwe, und fromm waren sie beide. Sie waren ein Leben lang zusammen, aber man siezte sich. Er rief sie »Frau Meier«, und sie nannte ihn »Herr Rechtsanwalt« – in Breslau ebenso wie im Hühnerstall von Rischon Le Zion.

Ich habe Tante Johanna oft besucht, denn wer im Kibbuz lebte, ging gerne zur Verwandtschaft in der Hoffnung, wenigstens dort etwas Anständiges zu Essen zu bekommen. Es wurde natürlich im Eßzimmer serviert, und es ging sehr kultiviert zu. Beim RA standen noch die alten Erb-Begräbnismöbel aus Deutschland herum.

Tante Johanna und der RA verkauften ihre Eier, aber nicht des Geldes wegen, denn davon hatten sie beide genug. Die Hühner beruhigten nur ihr zionistisches Gewissen. Jedesmal wenn ich kam, saßen sie in der Küche und zählten ihre Eier. Da gab es eine Eierwaage und ein großes Buch, in welches das Gewicht jedes einzelnen Eies eingetragen wurde. Ununterbrochen wurden Eier gewaschen und gewogen und eingetragen und verpackt, sie waren den ganzen Tag mit den Eiern beschäftigt. Außerdem hatten sie noch einen Esel im Stall, und der RA hatte einen großen Strohhut. Rischon Le Zion war damals noch nicht bebaut, aber Straßen gab es schon. Nachmittags ritt er dann mit dem Strohhut und dem Esel die breite Herzl-Avenue entlang und schnitt vom Straßenrand das beste Gras für seine Hühner ab.

Meine Mutter arbeitete damals bei einer Familie

Rosenblum, die Verbindungen in die Schweiz hatte. Eines Tages bekamen sie von dort eine kleine Büchse »Nestlé-Instant-Kaffee«, der damals gerade aufgekommen und eine Sensation war. Das war Anfang der 40er Jahre. Diese Büchse schenkten die Rosenblums meiner Mutter. Da meine Mutter jedoch eine sehr bescheidene Frau war und es sich nicht gönnte, diese Büchse zu öffnen, beschloß sie, diese ihrer Schwester zu schenken. Also fuhr sie mit dem Autobus hinunter nach Rischon le Zion – das war damals gar nicht so einfach, denn es war mitten im Krieg – und brachte die Büchse »Nescafé« ihrer Schwester Johanna. Johanna war ebenfalls eine sehr bescheidene Frau und erlaubte sich genausowenig wie meine Mutter, die Büchse zu öffnen. Sie stellte sie deswegen auf den Hausaltar, auf das Radio nämlich.

Damals war in jeder Wohnung das Radio der absolute Mittelpunkt. Alle saßen immer rund um das Radio herum, um die neuesten Nachrichten über den Krieg zu hören. Ein wichtiger Sender war Radio Hilversum. Wenn Leute zu Tante Johanna zu Besuch kamen, wurde ihnen das kostbare Stück, das auf dem Radio stand, erklärt. Aber keiner wagte es, die Büchse aufzumachen. Nun gab es jedoch in Rischon Le Zion jede Menge Hochzeiten und *Bar Mizwas* und Geburtstage, und bei einer solchen festlichen Gelegenheit schenkte Tante Johanna den »Nescafé« weiter. Die glücklichen Empfänger stellten ihn dann auf ihr Radio, um ihn eines Tages ebenfalls weiter zu verschenken. So wurde die Büchse »Nescafé« zu einem Wandergeschenk, überall stand sie auf dem Radio, und keiner konnte sich entschließen, sie zu öffnen. Vermutlich wußte man auch gar nicht, wie man so eine Dose aufmacht. Sie ging jedenfalls durch ganz Rischon Le Zion, bis sie nach eineinhalb Jahren Rundreise endlich zu meiner Tante zurückkam. Aber wie sagt man: »Wie groß ist schon Rischon Le Zion?«

Tante Johanna wurde 91 Jahre alt. Als ihr einmal nicht ganz gut war, brachte man sie ins Jerusalemer Krankenhaus »Scha'are Zedek« in der Jaffa Straße, das 1866 von einem *jeckischen* Arzt gegründet worden war. Das war aber kein Krankenhaus, sondern das war damals schon ein Museum mit Riesensälen und ziemlich primitiv eingerichtet. Wenn sie in diesem Krankenhaus nicht von der schmalen Bank gefallen wäre, würde sie heute noch leben.

1938 kamen immer mehr illegale Flüchtlinge aus Europa. Offiziell durften ja nur 55.000 Juden in Palästina einwandern, Kinder inbegriffen. Mehr erlaubten die Engländer nicht. Da unser Kibbuz an der Küste lag, wurde er zu einer Art Hafen. Oft, wenn wir von der Arbeit zurückkamen, fanden wir ein Stück Papier auf dem Bett, auf dem stand, man solle zu einer bestimmten Zeit an einem bestimmten Ort im Kibbuz sein. Da kam dann ein Auto angefahren – was eine Seltenheit war – und brachte einen drahtlosen Empfänger, der irgendwo installiert wurde und die Verbindung mit dem Schiff aufnahm. Gegen Mitternacht wurde dann eine ganz einfache Stall-Laterne am Strand aufgestellt, damit der Kapitän wußte, an welcher Stelle er anlegen sollte. Das waren Karikaturen von Schiffen, die reinsten Seelenverkäufer, es war lebensgefährlich, mit so einem Ding zu fahren. Aber alles im Leben ist relativ. An uns wurden Waffen verteilt, und wir riegelten die ganze Umgebung ab, damit nicht plötzlich irgendwelche Beduinen mit ihren Kamelen vorbeiziehen konnten und daß uns vor allen Dingen keine englische Polizei in die Quere kam.

Dann kam so ein Schiff an: kleine griechische Küstenschiffe mit höchstens 200, 300, manchmal 400 Leuten; die großen Schiffe fuhren erst viel später. Die Ruderboote vom Arbeiter-Ruderverein aus Tel Aviv warteten schon. Sie fuhren dicht an die Schiffe heran, und die Menschen kletterten mit ihren Bündeln und Paketen an Strickleitern herunter. Zuerst mußte die Besatzung an Land gebracht werden, das hatten wir gelernt, denn das erste Mal hatten die einfach das Geld genommen, die Flüchtlinge mitsamt ihrem Gepäck ins Wasser geschmissen und waren dann abgehauen. Daraufhin hieß es: Es wird erst bezahlt, wenn der Letzte von Bord ist.

Die Arbeiter-Ruderboote fuhren unentwegt hin und zurück und brachten die Menschen an Land. Die konnten ihr Glück gar nicht fassen, sie fielen auf den Boden und küßten den Sand. Endlich waren sie in Freiheit und sahen zum ersten Mal Juden, die auf der richtigen Seite eines Gewehrs standen, nämlich am Kolben und nicht gegenüber der Mündung. Dann packten wir das Gepäck auf Kamele und zogen zur Straße hinauf, wo bereits die Autobusse warteten. Dann morgens um 5 Uhr: keine Spur von einem Schiff, keine Spur von einem Neueinwanderer mehr. Englische Polizei kam uns merkwürdigerweise nie dazwischen, die saßen in solchen Nächten immer im nächsten kleinen Dorf und feierten mit einem jüdischen Hilfspolizisten Geburtstag. Damals wurden auffallend viele Geburtstage gefeiert, und ich glaube, die Engländer wußten auch, wessen Geburtstage das waren.

Dann begann der Krieg. Es gab keine Verbindung mehr nach Europa, keine Post, keine Lebenszeichen, nur vage Nachrichten über die Judenverfolgung. Man ahnte von all dem mehr als man wußte, und besonders die Leute aus Osteuropa machten sich große Sorgen um ihre Verwandten.

V.

1944 hatte ich genug vom Kibbuz; immerhin hatte ich es acht Jahre dort ausgehalten. Im Grunde wollte ich schon viel früher aussteigen, und andere wollten es auch. Das war aber nicht so einfach, denn es hat sich einer vor dem anderen geschämt. Wir haben uns schließlich nicht einfach für Geld, sondern für den Zionismus ausnutzen lassen! Beschloß einer trotzdem, den Kibbuz zu verlassen, galt er als Verräter. Er saß dann alleine am Tisch.

Ich hatte mich schon 1940 zur Außenarbeit am Toten Meer gemeldet, und zwar nicht, weil mich etwa der Pioniergeist gepackt hatte, sondern weil mein Freund Ossi aus Hamburg auch dorthin ging. Dem Kibbuz brachte unsere Arbeit eine Menge Geld, und wir erlebten eine herrliche Zeit, weit entfernt von der Welt. Heute fährt man in 40 Minuten zum Toten Meer hinunter, damals brach man in aller Frühe auf und kam erst abends um 9 Uhr an. Das Meer ist etwa 80 Kilometer lang, unser Camp lag ganz im Süden, in Sdom, und war nur mit dem Schiff zu erreichen, das sechs Stunden brauchte. Wenn Zeitungen zu uns herunterkamen, waren sie oft steinalt.

Das Tote Meer ist eine Welt für sich, 400 Meter unter dem Meeresspiegel. Man fühlt sich, als wäre man in eine warme Fruchtsuppe eingetaucht. Alles ist süßlich, und alles ist nicht ganz wahr. Man sieht das Wasser, man sieht die Berge, man sieht die Weite, aber trotzdem hat man den Eindruck, sich in einem geschlossenen Raum zu befinden. Und auch die Stimmen tragen weiter, es ist ganz seltsam. Am Anfang hatte ich immer das Gefühl, das Tote Meer sei eine verbotene Angelegenheit, ein stiller Höllengrund. Man konnte die Mineralien spüren, die aus dem Meer herausströmten, Brom zum Beispiel, und das war sehr beruhigend. Die Landschaft war herrlich, aber die Hitze unerträglich. Ich arbeitete als Lokomotivführer auf einer Schmalspurbahn, die Pottasche aus dem Werk zum Hafen brachte, witzigerweise auf einer deutschen Lokomotive der Firma Ohrenstein & Koppel. Da Krieg war, gab es natürlich keine Ersatzteile, und wir

Schmalspurbahn am Toten Meer

mußten improvisieren, sogar die Zylinder haben wir selbst gegossen. Durch die Arbeit im Kibbuz waren wir es gewohnt, uns in jeder Lage selbst zu helfen.

Wenn ich Mittagsschicht hatte, konnte ich nur freihändig auf die Lokomotive springen, denn die Haltegriffe durfte man auf keinen Fall anfassen. 45 Grad Sonne geht noch, aber 45 Grad Eisen nicht. Man mußte höllisch aufpassen, daß man sich an der Lokomotive nicht verbrannte. Weil die Arbeit so anstrengend war, bekamen wir sehr gut und sehr viel zu essen, und das war genau das Gegenteil von dem, was wir vom Kibbuz gewohnt waren. Am Toten Meer aßen wir zweimal täglich Fleisch und morgens zum Frühstück Eier. Und das mitten im Krieg, wo alles rationiert war! Da wir außerdem einen regen Privathandel mit den Beduinen aus Transjordanien pflegten, lebten wir wie Gott in Frankreich. Unsere Gedanken kreisten nur darum, welche Schicht wir hatten, was es zu essen gab – und natürlich um die Mädchen. Abends ging man mit einem Mädchen am Strand spazieren. Der Kibbuz hatte etwa 60 Mädchen und über 100 Jungs heruntergesandt, alle waren natürlich unverheiratet. Das waren ausschließlich Verrückte und Abenteuerlustige. Alle vier Wochen fuhren wir auf Urlaub in den heimatlichen Kibbuz.

Die Nachtschicht begann abends um acht und ging bis morgens um fünf. Danach hatte man den ganzen Tag frei. Es gab einen Garten, einen Kiosk mit Zeitungen, eine Bar, und man drückte sich so herum. Die Mädchen arbeiteten in der Küche, und deswegen war es schwierig, sich näherzukommen. Nachts hatte man überhaupt kei-

Das Camp in Sdom am Toten Meer

ne Chance, denn da ging die Konkurrenz von der Tagschicht mit den Mädchen spazieren. So kämpfte man um die zweite Schicht, bei der man vormittags frei hatte und nur bis abends arbeiten mußte. Man hatte also die ganze Nacht Zeit und konnte obendrein am nächsten Tag ausschlafen. Wenn man dann endlich Glück hatte und ein Mädchen erobern konnte, kam auch schon wieder der Urlaub, und eine Woche später, bei der Rückkehr, genügte oft ein einziger Blick zum Lokomotivführer, der uns zum Camp brachte. Meistens schüttelte der dann den Kopf und sagte: »Vergiß sie! Die geht jetzt mit dem oder dem.« Das waren unsere Hauptsorgen.

Die *Palestine-Potash-Company* bestand aus englischen Geldgebern und einem jüdischen Direktor, ein Mr. Nowomiersky. Er war ein sibirischer Bergbauin-

*Im Elektrizitätswerk der Palestine-Potash-Company,
Gad Granach erster von rechts*

genieur, der das Tote Meer sah und sich verliebte. Im Gegensatz zu den Engländern erkannte er das Potential, das darin lag. Da er aus Sibirien kam, versammelte er viele sibirische Landsleute um sich. Sibirische Juden sind etwas ganz besonderes, die sind nicht mit gewöhnlichen Maßstäben zu messen. Sibirien ist ein Schmelztiegel, und wer aus diesem Schmelztiegel lebendig herauskommt, dem kann nichts mehr passieren auf der Welt. Das waren Abenteurer, tolle Kerle, sie sprachen russisch, sie sprachen chinesisch, und sie gründeten zusammen mit Nowomiersky das Werk und brauchten zusätzliche Arbeiter.

Mit Gummistiefeln und mit nacktem Oberkörper standen wir da unten in der Salzlauge und schaufelten, was das Zeug hielt. Am Anfang hat man noch aufgepaßt, daß einem die Salzlauge nicht am Schaufelstiel entlanglief,

Im Camp

denn die Hände waren am Abend rot und aufgerissen. In der ersten Nacht lag ich im Bett und hielt meine wunden Hände in die Luft, so schmerzten sie. Aber später habe ich nichts mehr gespürt, der Mensch gewöhnt sich doch an alle Zores.

Wir haben immer geschaut, wie die arabischen Arbeiter das machen. Das waren keine gewöhnlichen Araber, sondern Beduinen aus der Umgebung. Deren Schmerzgrenze war wesentlich höher als unsere. Sie standen die ganze Zeit barfuß in der Salzlauge und lachten über unsere Gummistiefel. Da wußten wir, was Wüstensöhne sind. Von den Beduinen haben wir viel gelernt. Wir haben mit ihnen gearbeitet, und es wäre keiner von uns auf die Idee gekommen, daß wir eines Tages einmal Feinde sein könnten und uns gegenseitig beschießen würden. Auffallend war jedoch, daß die Araber sich untereinander nie geholfen haben. Jeder lud seinen Wagen voll, und wenn er dann fertig war, setzte er sich hin und ruhte aus. Bei uns war das anders: War einer schwächer, dann verfluchten wir ihn zwar, aber wir halfen ihm, seinen Wagen vollzuladen. Das kannten wir so aus dem Kibbuz.

In Kalija, im Norden des Toten Meeres, hatte ein deutscher Jude namens Harry Lewy schon sehr früh ein Hotel gebaut, das legendäre Kalija-Hotel, ein erstklassig geführtes Haus, da trug der Kellner Frack. Es bekam seine Elektrizität von uns. Von Jerusalem aus gab es im Sommer sogenannte »Moonlight-Trips« nach Kalija. Man stieg um 8 Uhr abends in der Jaffa-Straße in den Autobus ein und fuhr zum Toten Meer hinunter zum Tanzen. Das Hotel hatte eine Plattform über dem Wasser, die schaukelte immer ein kleines bißchen, und man tanzte bei Mondschein zu Orchestermusik. Es ist unbeschreib-

Am Toten Meer

lich schön und mit nichts zu vergleichen, wenn am Toten Meer der Mond scheint, denn es ist dann fast taghell. Wenn ich Nachtschicht auf der Schmalspurbahn hatte, konnte ich bei Vollmond auf der Lokomotive Zeitung lesen.

Zum Kalija-Hotel kamen nicht nur Juden, es kamen in erster Linie die reichen Araber aus Jericho und englische Offiziere aus Transjordanien mit ihren Damen – es war wie in einem Film über Indien zur Kolonialzeit. Um Mitternacht fuhr der Autobus wieder nach Jerusalem zurück. Oft zu Gast im Hotel waren David Ben Gurion, der spätere israelische Ministerpräsident, und seine Frau Paula. Paula paßte gut auf ihn auf; ohne sie ging nichts. Einmal kam sie und rief nach einem Arzt. Ben Gurion fühle sich nicht gut, der Arzt solle ihn untersuchen. Und dann sagte sie: »Es ist nicht meinetwegen, es ist nicht seinetwegen, es ist unseretwegen, es ist Ben Gurion, er ist wichtig für uns alle.« Das war 1945.

Es war eine glückliche Zeit, als ich am Toten Meer auf der Schmalspurbahn fuhr. Aber was heißt schon »glückliche Zeit«. Es gibt kurze Momente im Leben, für die sich der Aufwand lohnt, aber sie gehen immer sehr schnell vorbei. Es ist doch eine Verschwendung, was wir mit unserem Leben tun.

Am Toten Meer erfuhr ich vom Tod meines Vaters. Ich ging eines Tages in die Kantine zum Frühstücken. Dort lagen immer viele Zeitungen aus, die »Palestine Post« und die »Egyptian Mail«. Und auf einmal lese ich: »Der Schauspieler Alexander G. ist gestorben.« Obwohl

Brief von Alexander Granach an Martha Granach

merkwürdigerweise sein Name nicht ausgeschrieben war, wußte ich sofort: Das ist mein Vater. Alles, was sonst da stand, traf genau auf ihn zu. Mir hatte niemand etwas von seinem Tod erzählt. Ich hatte ja Briefkontakt mit ihm, ebenso meine Mutter. In einem seiner letzten Briefe fragte er sie, ob sie etwas dagegen habe, wenn er mich zu sich nach Amerika hole. Aus diesem Grunde hatte ich mir auch einen palästinensischen Paß besorgt. Und plötzlich lese ich in der Zeitung, er sei tot.

Nachdem ich den Kibbuz verlassen hatte, arbeitete ich weiterhin bei der *Palestine-Potash-Company*. Ich mietete mir ein Zimmer in Jerusalem und fuhr jeden zweiten oder dritten Tag nach Hause. Das war ein Vergnügen der besonderen Art. Jeder Autobus hatte seinen *Gabbai,* wie in der Synagoge, der dafür sorgte, daß die Arbeiter immer auf dem gleichen Platz sitzen konnten. Es gibt doch auf der Welt nichts Konservativeres als Arbeiter! Es ist ja auch unmöglich, einen Arbeiter von seiner Maschine wegzunehmen, an der er jahraus, jahrein den ganzen Tag steht und mit einer Hand immer nur einen blöden Hebel drückt. Gibt man ihm etwas anderes zu tun, so ist er dagegen. Sein Leben lang möchte er nur diesen einen Hebel drücken, und sein Leben lang will er nur diesen einen Platz im Autobus.

In Jerusalem wohnte ich, wie alle unverheirateten Leute damals, in einem möblierten Zimmer bei sogenannten »besseren Leuten«, bei der Familie Ginzburg. Der Mann war der Chefredakteur von »Ha'aretz«. Das Haus war koscher, und zwar wegen des Großvaters, einem Engländer alter Schule, der im Sommer im weißen Anzug in die Synagoge ging. Aber mein Zimmer war der Freihafen, wohin die Ginzburgs am Freitagabend und Sonnabend flüchteten, um zu rauchen. Am Schabbat hätte der Großvater das auf gar keinen Fall erlaubt, der paßte doch die ganze Zeit auf, daß alles schön koscher war.

»Ab zehn Uhr keinen Damenbesuch«, wie das in Deutschland üblich war – das gab es nicht in Palästina. Man war zwar fromm, und man war dies, und man war jenes, aber was jemand privat machte, ging keinen etwas an. Da ich es mit jemandem geteilt habe, kostete das Zimmer nur zweieinhalb Palestine Pound im Monat. Verdient habe ich damals 39 Pfund, ich hätte also auch mehr bezahlen können und dafür ein Zimmer für mich alleine gehabt, aber auf die Idee ist man gar nicht gekommen. Es mußte ja unbedingt alles ein bißchen schwierig und ungemütlich sein, man war schließlich ein Pionier und mit dem Aufbau des Landes beschäftigt. Dazu paßte kein Zimmer für einen allein.

Mein Zimmergenosse war ein Herr Jabroff. Er war um die Fünfzig und in meinen Augen damals ein alter Knacker. Aber er hatte eine Freundin. Jabroff war ein typischer Junggeselle mit merkwürdigen Schrullen. Zum Beispiel sammelte er Zahnbürsten, denn er hatte Angst, daß es eines Tages keine Zahnbürsten mehr geben könnte. Rasierklingen hatte er für die nächsten dreißig Jahre. Als ich mir jedoch einmal eine von ihm borgen wollte, ging das nicht, er konnte mir keine geben. Wir machten beide Schichtarbeit am Toten Meer und hatten vereinbart, daß einer von uns immer in der Stadt und einer unten am Toten Meer sein würde, so daß jeder das Zimmer für sich allein habe. Das hätte prima geklappt, wenn er den Vertrag nicht immer wieder gebrochen hätte. Ich kam nach der zweiten Schicht um drei Uhr nachmittags nach Hause und freute mich auf den Abend, und er saß auf dem Bett und lachte. Sagte mit seinem rollenden russischen Akzent: »Ich bin auch hier! Ich habe auch Urlaub!« *Massel tow*, das hat mich vielleicht gefreut! Schließlich hatte ich auch schon gewisse Pläne, aber was sollte ich machen? Es blieb dann nur das Kino.

Es gab damals ein Kino neben dem anderen, und jedes war voll. Die Leute standen am Samstagabend

Schlange vor den Kassen, manchmal wurden sogar die Karten auf dem Schwarzmarkt zum doppelten Preis verkauft. Die Filme waren natürlich nicht synchronisiert, aber sie wurden in drei Sprachen übersetzt. Untertitel kannte man noch nicht, stattdessen liefen links und rechts von der Leinwand schmale Papierrollen, auf denen von oben nach unten die Übersetzung zu lesen war: Auf der einen Seite französisch oder englisch, auf der anderen hebräisch und arabisch, man konnte es sich aussuchen. Die Übersetzungen waren mit der Hand auf Streifen geschrieben, die gerade so breit waren, daß sie für ein Wort ausreichten. Neben der Leinwand saßen Studenten und drehten mit beiden Händen die Übersetzungsstreifen parallel zum Film. Leider war es aber oft so, daß die Jungs spätestens bei der zweiten Vorstellung während des Drehens einschliefen. Der Film lief zwar weiter, aber die Übersetzung blieb stehen, und das meistens an der wichtigsten Stelle. Irgendwann schrie dann einer aus dem Publikum: »*Tirgum! Tirgum!* – Übersetzung! Übersetzung!«, und der arme Student erschrak so heftig, daß er mit einem Ruck weiterdrehte und der Streifen mit 80 Stundenkilometern durchraste. Dann konnte man überhaupt nichts mehr lesen, und der Film mitsamt der Übersetzung mußte wieder zurückgespult werden, damit die Zuschauer ja nichts versäumten. Das war oft ausgesprochen anstrengend.

Ging man in die zweite Vorstellung, hatte man unter sich bereits einen Teppich aus Schalen von Sonnenblumenkernen. Es wurde geraucht, und es gab kleine Tischchen, auf denen man sein Bier abstellen konnte. Andauernd rollten dann die leeren Flaschen ganz langsam durch die Stuhlreihen, es ging ja bergab. Man konnte sich gar nicht mehr auf den Film konzentrieren, sondern man achtete nur noch auf die Flaschen, wie sie im Zeitlupentempo den Kinosaal hinunterrollten, zwischendurch stehenblieben und dann wieder weiterrollten, und wenn sie endlich unten ankamen, war man ganz nervös.

Jerusalem während der Mandatszeit war der reine Wahnsinn, es war sozusagen die Hauptstadt der Epoche. Jerusalem war eine wirklich kosmopolitische Stadt. Seit Jahrtausenden zogen hier schon die antiken Völker durch: die Römer, die Griechen, die Perser, die Babylonier, die Araber, die Türken, die Kreuzritter. Es war ein wildes Leben, es gab Parties, es gab Tanzabende, es gab Kammerkonzerte und Vorträge, nicht zu vergleichen mit heute. Vieles hatten die *Jeckes* mitgebracht, die in Palästina da anzuknüpfen versuchten, wo sie in Deutschland aufgehört hatten. Tucholsky oder Polgar hat einmal von der Tragik eines Medizinfläschchens an einem Totenbett gesprochen. Das paßt hier genau.

Im Vergleich zu Jerusalem war Tel Aviv damals noch unwichtig, eine kleine Stadt im Sand. Da gibt es den Witz, von den drei Frauen aus Tel Aviv, die in den vierziger Jahren am Strand spazierengehen. Da sehen sie einen nackten Mann mit einer Zeitung über dem Kopf in der Sonne liegen. Sagt die erste Frau zur zweiten: »Schau mal, ist das nicht dein Mann?« Antwortet die dritte: »Nein, das ist nicht ihr Mann.« Und die zweite sagt: »Der ist überhaupt nicht aus Tel Aviv.«

Kulturell und politisch spielte sich während der Mandatszeit alles in Jerusalem ab. Hier existierte bereits seit 1924 eine Universität, hier lebten die Professoren, hier befand sich auch die englische Mandatsverwaltung und die berühmte Kunstschule »Bezalel«. Die deutschen Juden gründeten Rehavia, das Viertel, in dem heute noch die meisten Bäume stehen. Das intellektuelle Niveau in Jerusalem war ungewöhnlich hoch, und natürlich gab es auch einige Verrückte. Eine wirklich exotische Gestalt war die Dichterin Else Lasker-Schüler. Ich kann mich gut an sie erinnern, denn sie kam manchmal bei meiner Mutter vorbei, die ihr immer Zeitungen aufhob. Ein ganzer Kreis von Menschen kümmerte sich um sie. Else Lasker-Schüler schlief nur im Liegestuhl, weswegen sie ihr einmal ein Bett geschenkt haben, das sie natürlich nicht benutzt hat. Sie schlief weiter im Liegestuhl. Selbst im Sommer lief sie mit dem Pelzmantel herum, und die kleinen Kinder haben Steine nach ihr geworfen. Was einem fremd vorkommt im Orient, wird mit Steinen beworfen, zumindest solange es sich bewegt. Mit dem Hang zum Steinewerfen werden Kinder im Orient geboren, übrigens nicht nur die Kinder von Arabern, auch die Kinder von orientalischen Juden. Orient hat offenbar zwangsläufig etwas mit Steinewerfen zu tun, vielleicht weil es hier soviele davon gibt. Das Kind ist noch nicht ganz aus der Mutter herausgekrochen, schon sucht es nach einem Stein.

Am Freitagabend war großer Tanz in Beth ha Kerem, wo es drei große Gartenlokale mit lebendem Orchester gab. Da fuhren die Taxis immer nur hin und her und her und hin. Hunderte von Jerusalemern fuhren nach Beth ha Kerem zum Tanzen. Da ist man nicht so irre durch die Gegend gesprungen wie heute, sondern da hat man noch richtig getanzt, eng umschlungen, man hat die Damen an sich gedrückt, und man konnte dabei reden und sich verabreden, für später. Heute kann man sich doch überhaupt nicht mehr verabreden! Die hüpfen doch nur umher und zappeln mit den Händen und zappeln mit den Füßen und haben dabei den Gesichtsausdruck von Wahnsinnigen. Ich möchte wissen, woher die noch die Kraft haben sollen, hinterher mit den Mädchen ein bißchen spazieren zu gehen, das geht doch gar nicht mehr. Man geht überhaupt nicht mehr spazieren, und Sex ist nach der ganzen Hüpferei auch nicht mehr drin. Jeder fällt am Ende nur tot um. Aber wir sind damals nicht tot umgefallen, wir haben mit dem Knie gedrückt und haben gefragt: »Was machen Sie, Fräulein, ich habe Sie letztes Mal hier nicht gesehen.« Und man hat herausgefunden, wie sie heißt, damit man sich verabreden konnte. Das war doch wunderbar!

Die Ben-Jehuda-Straße in Jerusalem war voller Cafés, und in jedem saß eine besondere Gruppe von Leuten. Die Ungarn saßen extra, und die *Jeckes* saßen extra, und die polnischen Juden saßen wieder woanders. Wo es nach Essen roch, da waren die Ungarn. In den Cafés gab es Zeitungen, man konnte mit einer Tasse Kaffee vier, fünf Stunden sitzen und Zeitungen lesen. Es gab große schöne Mappen mit mindestens zehn verschiedenen Illustrierten drin, genau wie der »Lesezirkel« in Deutschland. Das hatten die *Jeckes* hier eingeführt. Es war zwar Krieg, aber die Zeitungen kamen von überall her: Die »Zürcher Zeitung«, die »Zürcher Illustrierte«, die »Schweizer Illustrierte«, sogar aus Deutschland kamen sie. Besonders begehrt waren die englischen Zeitschriften, in denen auf der ersten Seite immer die letzten Neuigkeiten aus dem Königshaus standen.

1938 wurde in Jerusalem das berühmte Café »Atara« eröffnet, und jedesmal, wenn ich vom Toten Meer kam, ging ich dorthin, das war unser Treffpunkt. Das »Atara« war eine Kopie von »Zuntz sel. Witwe« in Berlin, alles in braun gehalten, mit einer Kaffeebohne als Motiv. Die Kellnerinnen trugen weiße Schürzchen mit einer Tasche vorn dran, und sie hatten Kuchen zur Auswahl. »Atara« gab es auch in Haifa und in Tel Aviv. Das Café gehörte der Familie Perlmutter, und die alte Frau Perlmutter hat immer die Servietten gezählt – solche typisch israelischen Standardservietten von der Größe einer Briefmarke, mit denen man sich nicht einmal die Nase putzen kann, und tut man es doch, ist man gleich mit der Nase durch. Ins »Atara« gingen die *Jeckes* auf ein Glas Tee und zankten sich um die Zeitschriften, denn immer saß so ein alter Knacker auf der ganzen Mappe. Das »Atara« war Europa.

Das Café »Alaska« zeichnete sich durch seine äußerst hübschen Kellnerinnen aus, die meisten waren Neueinwanderinnen aus Deutschland. Ich erinnere mich besonders an eine, die war sehr schick und hatte sehr lange Beine, und ich wollte sie immer ins Kino einladen. Es hat aber nie geklappt. Das Café »Sichel« hatte hinten einen großen Garten und gemischtes Publikum, dorthin gingen auch die orientalischen Juden. Im Café »Vienna« unten an der Ecke der Ben-Jehuda lagen verschiedene englischsprachige Zeitungen aus, die »Palestine Post« und die »Egyptian Mail«, deswegen verkehrten dort wohlhabende Araber. Gegenüber ins Café »Europa«, wo am Nachmittag Tanzkonzert war, gingen die Engländer mit ihren Damen – Officers only, keine gewöhnlichen Soldaten – und die besseren Juden und Araber. Das Café »Europa« war ein sehr feines Café, in dem es zum guten Ton gehörte, Englisch zu sprechen; dort waren die Kellner so gekleidet, wie es sich für Kellner gehört: sie trugen schwarze Anzüge und Fliegen. Ringsherum an den Wänden befanden sich Fresken des Künstlers Jacob Steinhardt, einem unserer besten Maler. Jede Wand zeigte eine andere Stadt in Palästina. Mit solchen Arbeiten verdienten sich die Künstler ihr Geld, denn wer kaufte damals schon Bilder? Als das Café »Europa« umgebaut wurde, ist kein Mensch auf die Idee gekommen, die Wandmalereien zu retten.

In »Finks Bar« ist nicht jeder gegangen, aber dort war es sehr »in«. Bei »Finks« saßen die Top-Journalisten, da saß auch der junge Churchill. Alle, die etwas erfahren wollten, gingen zu »Fink«. Eine Ecke weiter, etwa dort, wo heute das »Rimon« ist, befand sich im zweiten Stock das »Savyon«, ein phantastischer Nightclub, rot ausgelegt; dort sah es aus wie in einem besseren Puff. Es war aber ein hochelegantes Etablissement, wo sich gewöhnliche Menschen nicht hineingetrauten, denn Gott sei

Die Jaffastraße in Jerusalem während der Mandatszeit

Dank gab es ja gewisse Klassenunterschiede. Zum Beispiel ging ich während der Mandatszeit niemals ins »King David«, ich wußte genau, daß dort nicht mein Platz ist. Heute geht ja unglückseligerweise jeder überall hin, jeder Schmock sitzt doch schon im Breakfast-Room des »King David« und kommt sich vor wie Bolle auf dem Milchwagen. Entsprechend sieht es dort auch aus.

Schräg gegenüber vom »King David« war der »Vienna Tea Room«, der von *Jeckes* geführt wurde. Die Kellnerinnen waren allesamt schöne deutsch-jüdische Mädchen, die den Kibbuz verlassen hatten. Im »Vienna« saßen die besseren Engländer und tranken Tee aus angewärmten Kännchen, wobei die Milch immer vor dem Tee eingegossen wurde, damit sich die Tassen nicht verfärbten. Wunderbaren Kuchen gab es im »Vienna Tea Room«, und man sprach deutsch oder englisch.

Die allerschönsten Cafés waren jedoch in Naharija, alle natürlich fest in deutscher Hand. Das Café »Pinguin« existiert heute noch. Nach Naharija fuhr man, um Erdbeeren mit Schlagsahne zu essen, denn das gab es sonst nirgendwo. Schlagsahne wurde erst von den *Jekkes* eingeführt. Vorher gab es nur sauren Schmand, den die Polen gewohnt waren. Man hat sich beworfen mit Schmand. Erst »Strauss« hat süße Sahne eingeführt. »Strauss« war eine deutsche Firma in Naharija, die mit einer Kuh angefangen hat, und heute ist »Strauss« ein Weltkonzern. Nur eine einzige Kuh besaßen die. Die haben sie gemolken, haben die Milch verkauft und Käse gemacht. »Strauss« hat genau die Sachen hergestellt, die die *Jeckes* gerne aßen. *Tnuva*, die polnische Konkurrenz von »Strauss«, war eine Molkereikooperative aus dem Kibbuz, aber sehr fein. Als ich 1936 ins Land kam, war bei denen schon die Butter in Silberpapier eingepackt. Nur in Bezug auf süße Sahne haben sie einfach nicht lernen wollen.

Wollte man Erdbeeren mit Schlagsahne essen, konnte man auch in die deutschen Kolonien der »Templer« gehen, die noch bis 1941 existierten. Die »Templer« waren protestantische Siedler, die Ende des letzten Jahrhunderts aus Schwaben nach Palästina gekommen waren. Bei denen ging es so deutsch zu, daß sogar deren arabische Arbeiter geschwäbelt haben. Dort verkehrten die Engländer und die deutschen Juden; man ging am *Schabbes* hin, um Bier zu trinken und Schweinebraten zu essen.

In der deutschen Kolonie von Tel Aviv gab es die Maschinenfabrik Wagner, deren Besitzer 1938 von der jüdischen Untergrundorganisation *Haganah* wegen nazistischer Umtriebe erschossen wurde. Die berühmteste deutsche Kolonie aber befand sich in Haifa; da stand sogar ein Denkmal von Kaiser Wilhelm II. Und in Jaffa, wo bis 1941 noch ein deutscher Konsul lebte, wehte eine Hakenkreuzfahne. Die Kinder der »Templer« waren alle in der Hitlerjugend, aber sonst lebten sie mit ihren jüdischen Nachbarn in Frieden. 1941 wurden sie von den Engländern interniert und nach Australien geschickt.

Die *Jeckes* eröffneten auf der Ben-Jehuda-Straße und auf der Jaffastraße nach und nach Delikatessen-Läden, einer hieß Sternschuss, einer Levy und einer Futter, das war der beste. Koscher war keiner von ihnen. Bei Futter wurde nur deutsch gesprochen, und es ging ausgesprochen kultiviert zu. Herr Futter war mies wie die Nacht, und Frau Futter war eine Schönheit. Wie die beiden zusammenkamen, weiß ich nicht, aber sie hatten wunderbaren Schinken, den sie ganz dünn schneiden konnten, und sie nannten jeden Kunden beim Namen. Der Schinken kam vermutlich aus Nazareth, wo die christlichen Araber Schweine züchteten.

Geschäfte mit Arabern funktionierten bestens, aber sonst hatte man, wenn man zum Beispiel in Rehavia wohnte, keinerlei Kontakt zu ihnen, außer daß man sich in besseren Kreisen seinen Renommieraraber hielt – das ist ja auch heute noch so. Man gab sich betont kosmopolitisch und redete intelligent durch die Nase. Bei den

Jeckes stand natürlich immer ein Flügel in der Ecke für die Kammermusikabende. Da durfte man nur flüstern, und es war entsetzlich langweilig.

Nachdem der Zweite Weltkrieg ausgebrochen war, sprach plötzlich kein Mensch mehr deutsch. Deutsch, aber auch Jiddisch, war derart verpönt, daß 1938 Fanatiker aus der Gewerkschaftsorganisation »Histadrut« eine Handgranate in das Büro der deutschsprachigen Zeitung »Blumenfelds Neueste Nachrichten« warfen. Das bißchen Kultur, das man mitgebracht hatte, sollte man so schnell wie möglich vergessen. Trotzdem hat der größte Teil der *Jeckes* nie richtig *Ivrith* gelernt, und wenn doch, dann so gründlich, daß es auch wieder schrecklich war. Sie brauchten nur »*Schalom*« zu sagen, schon klang es wie »Deutschland, Deutschland, über alles«.

Einige Schauspieler eröffneten deutsche Theaterzirkel und trugen dann bei Kaffee und Kuchen deutsche Klassiker vor. Später mieteten sie heimlich kleine Säle und spielten sozusagen im Untergrund deutsches Theater. Da war ein Mann, der die Theatergruppe »Die Brücke« organisierte. Seine Frau war Kellnerin im Café »Atara«, und er war Schaufensterdekorateur, aber seine Liebe galt dem Theater. Einmal kam in einem Stück der Satz vor: »Was sehe ich? Preußische Uniformen?«, und dabei spazierten zwei Herren in Zivil herein. Sie konnten einfach keine Uniformen auftreiben. Man hat mit wenig Mitteln, aber mit viel Enthusiasmus mitten im Krieg deutsche Klassiker im Untergrund aufgeführt. Und alle *Jeckes* aus

Rehavia kamen, um endlich wieder einmal deutsches Theater zu sehen.

Irgendwann stand Rommel 80 Kilometer vor Kairo, und wir wurden allmählich nervös, da wir damit rechnen mußten, daß er hierher kam. Die Juden bedrängten die Engländer, etwas zu unternehmen, viele wollten freiwillig zum Militär, aber die Engländer waren von unserer Hilfe nicht sehr begeistert. Schließlich erlaubten sie uns, eine »Jüdische Brigade« zu gründen, machten aber zur Auflage, daß sich ebensoviele Araber wie Juden zum Militär melden mußten. Das war natürlich vollkommen absurd, denn die Araber hatten überhaupt keinen Grund, gegen Hitler zu kämpfen, im Gegenteil: sie freuten sich, daß Rommel jeden Tag näher kam. Araber kriegen ja heute noch glänzende Augen und schwärmen von Hitler, wenn sie einem Deutschen begegnen.

Schließlich und endlich wurde unter dem Kommando eines gewissen Mr. Benjamin, ein Australier, die »Jüdische Brigade« gegründet. Diese Brigade sollte später der Grundstein der israelischen Armee werden. 1941 wurde Tel Aviv bombardiert. Ich war zu der Zeit im Kibbuz Schwajim, 15 Kilometer Luftlinie entfernt. Wir hörten die Bomben und rannten in unsere Splittergräben, und ich weiß noch genau, daß wir uns sehr gefürchtet haben, denn wir erwarteten einen Großangriff. Dabei waren es nur drei nebbichtige italienische Flieger, die aus Sizilien kamen. Aber in Tel Aviv gab es über 150 Tote.

Es drangen immer mehr Nachrichten über die Judenvernichtung zu uns. Einige, denen es gelungen war, dem

Konzentrationslager zu entkommen, erzählten, was in Europa vor sich ging. Wenn ich heute an den Holocaust denke und mir vorstelle, was an irgendeinem beliebigen Tag im Jahr 1943 in Auschwitz geschah, dann könnte ich schreien. Mein Gott, was habe ich an dem Tag bloß gemacht? An dem Tag bin ich am Toten Meer gesessen und habe mich vollgefressen und mir überlegt, mit wem ich ins Bett gehen könnte und ähnliche Banalitäten. Ich habe die Fliegen vertrieben oder den Sand zwischen den Fußzehen entfernt. Die Leute, die hier leben, haben alle ein schlechtes Gewissen; das wird man nicht los.

Aber was war eigentlich mit den amerikanischen Juden? In Amerika gab es doch Millionen Juden und hier nur etwas mehr als 600.000, das war doch gar nichts. Haben die amerikanischen Juden denn keine Schuldgefühle? Die wollten doch, im Gegensatz zu uns, von gar nichts wissen, sie waren sogar entsetzt, als 1933 die ersten deutschen Juden kamen. Man hat sie dort empfangen, als wären sie der letzte Dreck. Von wegen jüdische Solidarität! In Amerika fing die jüdische Solidarität erst nach Kriegsende an. Man war mit den Toten solidarisch. Aber vorher hat man nichts getan, getreu dem Motto: Bloß kein Aufsehen erregen! Wieso konnte Auschwitz denn nicht bombardiert werden? Wieso konnte man mit den Nazis nicht verhandeln? Ein Rudolf Kastner hat sehr wohl mit den Nazis verhandelt und ein paar hundert Leute gerettet. Dafür wurde er in Tel Aviv dann erschossen. Man hat ihn aus schlechtem Gewissen erschossen.

Als der Zweite Weltkrieg 1945 zu Ende war, fing der Krieg bei uns erst richtig an. Es kam immer häufiger zu Kämpfen zwischen Juden und Arabern, jeder versuchte dem anderen etwas anzutun. Deshalb beschlossen die Vereinten Nationen am 29. November 1947 Palästina in ein jüdisches und ein arabisches Gebiet aufzuteilen, was die Juden akzeptierten, die Araber jedoch nicht.

Unsere Fahrten ans Tote Meer wurden immer brenzliger, da die Araber uns auf der Straße nach Jericho beschossen. Wir konnten nur noch in Konvois unter dem Schutz der Engländer zum Toten Meer fahren, anders wäre es lebensgefährlich gewesen. Die Araber bestanden darauf, daß die Fenster unserer Autobusse verkleidet wurden, so daß wir nicht hinaussehen konnten. Sie stellten ja immer Bedingungen. Und immer versuchte man, sie zu erfüllen, damit sie sich nur nicht aufregten. Apropos aufregen: Da fragt der eine den anderen: »Was regt Sie denn nach 25jähriger Ehe an ihrer Frau noch auf?« Sagt der: »Jedes Wort!«

So war das auch mit den Arabern und den Juden. Da saßen wir also bei 35 Grad Hitze in so einem gepanzerten Ding ohne Fenster und wurden fast wahnsinnig vor Angst. Wer gab uns denn die Garantie, daß die Engländer uns im Falle eines arabischen Angriffs nicht einfach im Bus sitzenließen? Solche Sachen sind durchaus vorgekommen. Zum Beispiel verhafteten sie einmal ein paar Juden, die zur Untergrundorganisation gehörten und warfen sie ausgerechnet am Jaffator aus dem Auto, wo sie auf der Stelle von den Arabern in Stücke gerissen wurden. Auf die Engländer konnten wir uns nie verlassen.

Mit Hilfe der Konvois transportierten wir aber nicht nur Pottasche, sondern auch jede Menge Waffen nach Jerusalem. Es waren Waffen, die mit Flugzeugen aus der Tschechoslowakei ans Tote Meer kamen, wo sie in Lastautos verladen wurden, die einen doppelten Boden hatten. Ich habe sie selbst ausgeladen, es waren schwere Maschinengewehre, manche mit dem Hakenkreuz drauf. Auch unsere Schattenregierung, Golda Meir und die anderen Zionistenführer, gelangten mit Hilfe dieser Konvois nach Jerusalem, nachdem sie zuvor mit dem Flugzeug von Tel Aviv ans Tote Meer geflogen waren. Die Straße von Tel Aviv nach Jerusalem war ja gesperrt.

Am 23. März 1948 fuhr ich zum letzten Mal mit einem Konvoi von Jerusalem zum Toten Meer, danach wollten die Engländer nicht mehr für unsere Sicherheit garantieren. Sie hatten genug von uns und zogen ab.
Es gibt Politiker, die sagen, die Engländer hätten Palästina des jüdischen Widerstands wegen verlassen, das ist jedoch nichts als ein Mythos. Die Engländer haben dieses Land, genauso wie Indien, aus finanziellen Gründen verlassen. Dieses Land brachte nichts ein und war für sie vollkommen unwichtig geworden. Kein einziger Jude und kein einziger Araber hat jemals einen Pfennig Steuern an die englische Staatskasse bezahlt, hier wurde doch nur geschmiert, und jeder englische Beamte war käuflich. Der Krieg war gewonnen, und sie benötigten die Passage durch den Suezkanal nicht mehr – also konnten sie abziehen. Sie saßen ja noch in Ägypten. Das englische Empire war pleite, was sollte es also noch in Pa-

lästina? Sich mit den Juden und den Arabern herumschlagen? Vorsitzender bei Gericht war zum Beispiel stets ein englischer Richter, der von einem jüdischen und von einem arabischen Richter flankiert wurde. Das ging dann so: Der jüdische Richter verurteilte die Araber, der arabische Richter verurteilte die Juden, und der Engländer saß in der Mitte und freute sich. Im Grunde hatten sie aber nur Zores hier. Sie hatten Indien aufgegeben, warum dann Palästina halten?

Heute aber gibt es immer noch Leute, die sich auf die Schulter schlagen und sagen: Wir haben die Engländer rausgeworfen! Quatsch mit Soße. Die Engländer haben das Land verkauft, so wie sie Panzer und Militärlager und Proviant verkauft haben. Manches sogar zweimal, einmal an die Juden und einmal an die Araber. Die »Schneller-Schule« in Jerusalem zum Beispiel haben wir den Engländern abgekauft, obwohl sie uns längst schon gehört hatte.

Die Engländer sind wirklich sehr ruhmlos aus diesem Land gegangen. Sie sind bei Nacht und Nebel raus, wie die Diebe, und hinter ihnen brach alles zusammen. Genau das wollten sie. In der Altstadt stand bereits die »Arabische Legion«, die zu England gehörte, und die Engländer hätten es nicht ungern gesehen, wenn die uns besiegt hätte. Die Juden sind im Krieg immer in vorderster Front gestanden und gefallen, dafür marschierten die Araber in den Siegesparaden mit. Sie sahen ja mit ihren Pferden und Kamelen auch viel malerischer aus. Die »Jüdische Brigade« hat während des ganzen

Krieges in Italien gekämpft, aber in London waren die Araber bei der Siegesparade dabei. Die Welt ist voller Widersprüche, Ungerechtigkeiten und voller Dreck.

Die Engländer schlichen sich aus dem Land wie Ganoven. Nichts übergaben sie legal, sie hinterließen nur. Wären sie fair gewesen, hätten sie gesagt: Erst einmal muß die »Arabische Legion« hier raus und hinüber nach Transjordanien. Wir hatten zu unserer Verteidigung nur die jüdischen Untergrundorganisationen *Haganah*, *Etzel* und *Lechi*; wir hatten fast keine Waffen. Der größte Teil war uns von den Engländern abgenommen worden, die ab 1945 überall nach Waffen gesucht und auch welche gefunden hatten. Sie entdeckten große Waffenlager in den Kibbuzim. Ich war dabei, als ein englischer Offizier am Toten Meer mit einem Stöckchen auf eine Stelle im Sand zeigte und sagte, da solle man graben. Dort fanden sie Gewehre, Maschinengewehre und Granaten. Das Herz hat einem wehgetan.

Es gab natürlich einzelne englische Offiziere, die mit den Juden sympathisierten, aber die meisten waren auf der Seite der Araber und hätten nichts dagegen gehabt, wenn diese uns kleingekriegt hätten. Als sie aus Jerusalem abzogen, stand am Russenplatz, also mitten im jüdischen Teil der Stadt, die arabische Legion schon bereit. Die *Haganah* wartete auf der anderen Seite der hohen Mauern. Der letzte Engländer hat das Tor zugemacht und den Schlüssel übers Tor geworfen. Er hätte ihn uns ja auch übergeben und sagen können: »It's yours, get in.« Hat er aber nicht. Zum Glück waren wir jedoch schneller, und wir stürmten nicht nur den Russenplatz, sondern auch ein Militärdepot in Jerusalem. Und als die Araber den Hafen von Haifa einnehmen wollten, waren die Juden schon bewaffnet. Die Logistik, die wir von den englischen Militärs gelernt hatten, machte sich da für uns bezahlt.

Am 14. Mai 1948 verließen die Engländer Palästina, und noch am gleichen Tag brach der Staat Israel aus. Damals war ich unten, am nördlichen Ende des Toten Meeres. Am 13. Mai hatten wir noch großspurig gesagt, wir werden uns gegen die Araber verteidigen, am 15. Mai flüchteten wir Hals über Kopf und ließen alles zurück. Wir hatten keine andere Wahl, denn eine »Arabische Legion« befand sich gleich nebenan in Jericho. Wir luden alle Schiffe voll und fuhren in Richtung Süden. Die Kibbuzniks ließen sogar ihre Kühe zurück, nur die Hühner nahmen sie mit. Sie hätten es besser umgekehrt gemacht. Ich kam erst 1949 vom Toten Meer zurück, und als ich das erste Mal in Tel Aviv jüdische Polizisten in ihren alten englischen Uniformen sah, wußte ich, warum wir einen Staat brauchten: damit die sich Uniformen anziehen konnten!

VI.

Ben Gurion hatte den Staat Israel noch nicht ganz ausgerufen, da fielen schon die Armeen von sechs arabischen Ländern in Israel ein. Sie kamen aus allen Himmelsrichtungen: aus Ägypten, aus Jordanien, aus Syrien, dem Irak und dem Libanon, sogar die Saudis waren mit einem Kontingent vertreten. Jeder versuchte sich zu schnappen, was zu schnappen war. Die »Vereinten Nationen« verkündeten lediglich ein neues Embargo, getreu ihrem Motto: Auf keinen Fall für irgendjemanden Partei ergreifen, und schon gar nicht für die Juden! Dabei hatten wir den Teilungsplan der UNO anerkannt, wonach wir den kleineren Teil bekommen hätten, und beispielsweise ganz Galiläa arabisch geworden wäre. Heute müssen sie sich mit weniger zufrieden geben. Die Araber sind ungefähr so, wie der Fischer und seine Fru: Mehr und noch mehr und noch mehr, und am Ende sitzen sie wieder auf ihrem Pißpott und haben gar nichts. Anstatt den Teilungsplan anzuerkennen und ihren eigenen Staat zu gründen, ließen sie *Glubb Pascha* und seine »Arabische Legion« Jerusalem beschießen, daß es nur so knallte.

Die halbe Ben-Jehuda-Straße flog im Februar 1948 in die Luft. Die Altstadt verteidigte sich noch sechs Wochen, und als die großen Helden der »Arabischen Legion« sie endlich einnehmen konnten, fanden sie lediglich dreißig jüdische Kämpfer mit Gewehren vor. Das war ganz schön peinlich. Wir hatten ja keine Armee und schon gar keine Kanonen. Die Syrer waren im Begriff, Galiläa zu erobern, die Ägypter schon auf halbem Weg nach Tel Aviv, sie saßen im Kibbuz Ramat Rachel am Rande von Jerusalem, und kein Hahn krähte danach, kein Land wollte helfen. Die Iraker standen vor Ramat ha Kovesh, nördlich von Tel Aviv, aber dieser kleine Kibbuz hat eine ganze irakische Division aufgehalten. Ich frage mich bis heute, was die eigentlich hier zu suchen hatten. Irgendwann wendete sich jedoch das Kriegsglück. Erst schlossen wir die Ägypter ein – Abdel Nasser war damals als junger Offizier dabei – dann eroberten wir den Negev und Eilat, wo die Jordanier saßen. Schließlich brachten wir im Norden die Syrer zum Stillstand, wobei die Drusen, die in Palästina lebten, sich uns anschlossen. Die Drusen waren gute Kämpfer.

Die Israelis drängten sämtliche arabischen Armeen zurück und eroberten dabei sogar Gebiete, die dem Teilungsplan zufolge den Arabern gehört hätten. Und siehe da, auf einmal schrie die Welt auf: Wir sollen alles wieder zurückgeben, und es klang so, als hätten wir einen Angriffs- und nicht einen Verteidigungskrieg geführt. 1948 sind 6000 Juden gefallen, und das sollte nun umsonst gewesen sein? Das geht natürlich nicht. Das ist so, als ob einer seinem Nachbarn einen Stein durchs Fenster schmeißt, und am Ende verlangt er ihn zurück.

Bei der *Haganah* hatten wir zum Glück mehr gelernt als Parade-Marsch und Strammstehen. Wir wurden in Nahkampf und Jiu-Jitsu ausgebildet, und im Handgranatenwerfen. Das war eine gefährliche Sache, denn wir hatten Eierhandgranaten, die man mit einem Streichholz entzünden mußte. So ein Ding wollte man natürlich so schnell wie möglich wieder loswerden.

1948 wurde ich eingezogen, aber ich war am Toten Meer, wo es zum Glück keine schweren Kämpfe gab. Nur einmal packte unseren Militärkommandeur der Ehrgeiz, und er bildete sich ein, wir müßten das arabische Dorf auf der anderen Seite angreifen. Das war ein Fehler. Eigentlich saßen wir ganz friedlich am Toten Meer, die Araber hatten uns lediglich das Wasser abgestellt, so daß wir salzhaltiges Wasser aus einer Quelle trinken mußten. Daran gewöhnt man sich aber; hinterher konnte ich kein normales Wasser mehr trinken. In dem anderen Dorf saßen Tscherkessen, das war damals und ist heute noch eine arabische Elite-Einheit; die Leibgarde von König Hussein besteht aus Tscherkessen. Unser meschuggener General langweilte sich also und ließ das Dorf angreifen. Wir waren 50 Mann *Palmach* und 50 Mann reguläre Truppe, alle ohne Kriegserfahrung und schlecht bewaffnet. Es wurde natürlich ein Riesendesaster. Am nächsten Tag beschoß uns die englische Artillerie von der jordanischen Seite aus. Wir konnten gar nicht so schnell rennen, wie die feuerten. Das war unser Beitrag zum Unabhängigkeitskrieg.

Bis 1948 waren wir Juden die »Palästinenser«, und die Araber nannten sich »Arabs«, sie wären ohne uns gar nicht auf die Idee gekommen, sich »Palästinenser« zu nennen. Die meisten Araber kamen auch nicht aus Palästina, sie kamen von überall her, aus Ägypten, aus

Transjordanien und Syrien, denn das Land gehörte einmal auch zu Groß-Syrien. In Jerusalem steht heute noch das Haus von Vater Schneller mit der Aufschrift: »Syrisches Waisenhaus Schneller – Der Herr segne unseren Eingang, der Herr segne unseren Ausgang.« Der syrische Traum war und ist heute noch, all das hier zu besitzen. Wenn ich Araber wäre, hätte ich auch Lust, Tel Aviv zu erobern. Trotzdem war Syrien nur eine türkische Provinz, die 1918/19 aufgeteilt wurde, und Transjordanien ist eine englische Erfindung, das hat es früher überhaupt nicht gegeben. Auch der Irak war eine Provinz. Und wenn die Araber heute behaupten, Israel sei ein »künstliches Gebilde«, dann sollten sie einmal ganz ruhig sein, denn alle ihre Länder sind künstliche Gebilde! Hier gehörte doch früher alles zum großen Osmanischen Reich, und jeder hat sich genommen, soviel er nehmen konnte. Jesus und die ersten Christen waren keine Palästinenser, auch wenn die palästinensische Politikerin Hanan Ashrawi dies vor der ganzen Welt erklärt hat, weil es nämlich die Palästinenser damals gar nicht gab. Jesus und die ersten Christen waren Juden, aber der Begriff kommt Frau Ashrawi nicht über die Lippen. Wenn schon, dann bin ich ein Palästinenser, ich habe im November 1945 dem palästinensischen Staat Treue geschworen. Mein Paß liegt immer noch in meinem Schrank.

Nach der Gründung des Staates Israel war es leider vorbei mit dem wilden Leben. Jerusalem wurde ein kleines jüdisches Schtetl mit kleinbürgerlichen jüdischen Spießern. Die Ausländer waren auf einmal weg, und was

Palästinensische Einbürgerungs-Urkunde, November 1945

haben wir dafür gekriegt? Fromme amerikanische Juden mit ihren *Kippas*. Jerusalem schlief ein und wurde zur Provinzstadt, und die Frommen kamen langsam herausgekrochen aus ihren Löchern. Da gibt es die Anekdote von dem englischen Offizier, der nach dem Krieg zu Besuch nach Jerusalem kommt und im »King David« absteigt. Am Freitagabend um 9 Uhr tritt er aus dem Hotel, schaut links, schaut rechts und sagt: »Ach du lieber Gott, haben die immer noch Ausgangssperre!«

Seitdem hier die Frommen mitmischen, ist die Stadt am Schabbat wie ausgestorben. Früher waren sie kaum zu sehen, da kamen sie nur Freitagmittag aus ihrem Ghetto heraus, um unten an der Jaffastraße herumzulaufen und »*Schabbes, Schabbes!*« zu schreien. Sie wollten, daß die jüdischen Geschäfte schließen, aber man hat darüber nur gelacht. Jerusalem war eine Garnisonsstadt mit internationalem Flair, da lebten doch nicht nur Juden. Da waren die Engländer, da waren die Franzosen, da war griechisches Militär, und da waren all jene, die vor den Nazis davongelaufen sind. Und Jerusalem war voll mit Spionen! Ich erinnere mich noch an einen Deutschen, Graf von Hardenberg, eine interessante Gestalt. Er hat sich in der Türkei von den Nazis abgeseilt, weil er mit ihnen nichts mehr zu tun haben wollte und ist zu den Engländern übergelaufen. Die verfrachteten ihn schließlich nach Palästina, wo sich eine jüdische Witwe seiner annahm. Er bekam auch die Anzüge von ihrem Seligen. Später ließ der Groß-Mufti von Jerusalem ihn in Beirut ermorden.

Der Negus von Abessinien lebte im »King David«, der *High Commissioner* saß in Jerusalem, und man spielte Golf. Es war die reinste Völkerschau, da wäre doch keiner auf die Idee gekommen, am Freitagabend ein Kaffeehaus zu schließen. Jerusalem ging nachts nicht schlafen. Es war Krieg, es war Verdunkelung, aber die Bars waren brechend voll. Wir tanzten auf dem Vulkan, und wir wußten es.

Meine Mutter arbeitete in Palästina als Hausangestellte und erzog anfangs die Kinder einer reichen Familie aus Haifa im Geiste von Rosa Luxemburg. Sie lebte dort wie

Martha Granach, Jerusalem 1958

ein Familienmitglied, sie kochte und wusch und kümmerte sich um alles. Als jedoch die Dame des Hauses eines Tages glaubte, Mutter könne in ihr benutztes Badewasser steigen, da wußte sie, daß es Zeit war fortzugehen. Bis zu ihrer Pensionierung war sie dann bei einer Familie in Jerusalem. Mutter hat ihren Lebensabend wirklich genossen. Sie las viel und ging mit Freundinnen ins deutsche Theater.

Hebräisch konnte sie nicht mehr lernen, dafür war sie schon zu alt; Hebräisch war die Sprache der Jugend. Da gibt es doch die Anekdote, wie in Naharija, der Hochburg deutscher Juden, der eine *Jecke* den anderen auf hebräisch anspricht: »*Schalom, Adon Kohn, ma schlom cha?* – Guten Tag, Herr Kohn, wie geht es Ihnen?« Sagt der andere: »Ach, sprechen Sie doch deutsch mit mir, wir sind doch keine Kinder!«

Meine Mutter lebte insgesamt 33 Jahre in Palästina bzw. Israel und kannte trotzdem nur ein hebräisches Wort, nämlich *Mischpacha*, und selbst das sprach sie noch falsch aus. Als sie achtzig wurde, ging sie ins Altersheim, und wenn ich sie dort besuchte, wollte sie den alten Leuten, die da herumsaßen, zu verstehen geben, daß ich ihr Sohn sei. Sie hat dann immer mit dem Finger auf mich gezeigt und gesagt: »*Mischpacha, Mischpacha!*«, wobei sie hartnäckig die falsche Silbe betonte, nämlich die zweite, anstatt die letzte. Meine Mutter kam aber auch ohne Hebräisch hervorragend klar, indem sie ganz einfach mit jedem Deutsch sprach, und zwar sehr laut, dann würde man es schon verstehen. Sie war überhaupt der Prototyp einer *Jeckin*, und sie hatte einen Leitsatz, der sie ein Leben lang begleitete und der sozusagen die Nationalhymne aller deutschen Juden war: »Das ist mir sehr peinlich!«

Ihr Konto hatte sie bei der Feuchtwanger-Bank, wo selbstverständlich deutsch gesprochen wurde. Immer wenn sie dorthin ging, um ihre Rente abzuholen, sagte sie verschämt zu der Bankbeamtin: »Ja, da bin ich wieder.« Und am Ende hat sie sich bedankt, als ob die ihr das Geld schenken würden.

Fromme Leute gingen meiner Mutter auf die Nerven, ganz besonders im Altersheim. Wenn dort gebetet oder *Schabbes* gehalten wurde, hat sie immer nur den Kopf geschüttelt. Im Altersheim gab es einen gewissen Herrn Marx, auf den hatte sie ein Auge geworfen. Sie hakte sich bei ihm ein und ging mit ihm spazieren. Herr Marx litt an Alzheimer, und auch meine Mutter hatte keinen besonders guten Orientierungssinn mehr, ich rechnete also ständig damit, daß die beiden eines Tages verloren gingen. Es gab jedoch im Altersheim auch noch eine gewisse Frau Winter, die ebenfalls ein Auge auf Herrn Marx geworfen hatte, jedoch nicht, um mit ihm spazieren zu gehen, sondern um gemeinsam mit ihm den Talmud zu studieren. Frau Winter kam aus einem frommen Haus, und sie war die Schwiegermutter des bekannten Philosophen Jeshajahu Leibowitz. Immer, wenn Frau Winter meiner Mutter wieder einmal den Herrn Marx vor der Nase weggeschnappt hatte, regte sich diese darüber auf, daß die beiden ihre Nasen in die frommen Bücher steckten: »Ojojoij! Narrischkeiten! Große Wichtigkeit! Sollen sie lieber an die frische Luft gehen!«

Mit der Mutter in Jerusalem

Hebräisch lernte meine Mutter in Israel nicht, aber sie lernte interessanterweise Jiddisch. In »Kol Israel«, damals der einzigen Radio-Station im Lande, kamen jeden Abend um sieben Uhr jiddische Nachrichten, gesprochen von Mutters Liebling Ruwen Rubinstein. Das war ihre heilige Stunde, man konnte schon eine Viertelstunde vorher mit ihr nicht mehr reden. Spätestens zehn vor Sieben begann sie, nervös an den Knöpfen des Radiogeräts herumzudrehen, damit, Gott behüte, Ruwen Rubinstein nicht anfing zu sprechen, ohne daß sie ihn hören würde.

Diese Nachrichtensendung war ebenso komisch wie provinziell, das ging ungefähr so: »A giten Obend und a giten Schabbes, meine lieben Zuherer und Zuhererinnen. Hert jetzt die Jedijes, gelesen von Ruwen Rubinstein:

Arabische Merder hoben sich heriebergerangelt iber den Grenez, man hot geschossen mit Gewehren, ind man hot geschossen auf jiddische Landarbeiter. Ober jiddisch Blut wird nicht umsonst vergossen. Jiddische Seldner hoben sich nicht derschrocken. Men hot se ausgeschochten ind geschluggen, die Feinde vun Isroel. Schabbat Schalom!« Über ein Erdbeben etwa hieß es: »Gewaltige Massen hoben sich arobgeworfen auf die Heiserlach ind hot sie zerkwetscht ind zerdrickt. Etläche Menschen sinnen imgekommen ind gestorben. Groiße Tragedies und Zores. Schabbat Schalom!« – Frieden auf Erden und den Menschen ein Wohlergehen, selbst die größten Katastrophen klingen in Jiddisch nur halb so schlimm. Ich habe zu meiner Mutter einmal gesagt: »Mutter, da sitzt du nun in Israel und hörst jiddische Nachrichten – wenn man dir das vor 50 Jahren in Berlin erzählt hätte ...« Da hat sie gelacht.

1956 übernahm ich die technische Organisation des Kinderdorfs Kiriat Jearim in der Nähe von Jerusalem. Das war eine Einrichtung der *Jugend-Alijah*, die durch Spenden aus der Schweiz finanziert wurde. In Kiriat Jearim lebten elternlose Kinder, von denen man oft nicht einmal wußte, woher sie kamen – anfangs aus den Nazi-Lagern und dann aus verschiedenen orientalischen Ländern, je nachdem, von woher die Einwanderungswelle gerade kam. Die meisten Kinder waren auf unterschiedliche Weise schwer gestört, die einen schrien, und die anderen schwiegen. Einen Jungen hatte man im Hafen von Hamburg gefunden, er hatte ein Schild umgehängt, auf dem lediglich geschrieben stand »Selig«.

Ich habe in Kiriat Jearim sehr viel gelernt und bereue keine Sekunde, die ich dort verbracht habe. Wenn man einmal mit seelisch gestörten Menschen gelebt und gearbeitet hat, dann kann man auch mit den sogenannten »Normalen« auskommen. So groß ist der Unterschied übrigens gar nicht.

1963 eröffnete in Jerusalem das »Hebrew Union College« ein großes archäologisches Zentrum mit einer Reformsynagoge, und ich lernte dessen Leiter kennen, Professor Nelson Glück. Es war Liebe auf den ersten Blick. Glück suchte einen Mitarbeiter und fragte mich, ob ich jemanden kennen würde. Da sagte ich: »Natürlich. Einen Mann, der mir sehr nahe steht.« – »Wer ist das«, fragte er. »Ich«, sagte ich. »Wunderbar«, sagte er. So wurde ich dort der Superintendent für Building and Grounds und zog nach Jerusalem. Man baute einen Komplex, der eine Schule, eine Synagoge, Seminare und eine Bibliothek beherbergte, Schwerpunkt war biblische Archäologie. Das »Hebrew Union College« war ein toller Arbeitsplatz. Wir bekamen große Zuwendungen aus Amerika für Ausgrabungen.

Jedes Jahr im Sommer kamen amerikanische Studenten, Lehrer und verschiedene Freiwillige, vom Pastor aus Nevada bis zur Nonne aus Brasilien. Sie waren von oben bis unten behängt mit Tropenhelmen, Messern, Seilen und Kompassen, von den Fotoapparaten gar nicht zu reden. Sie dachten alle, sie seien bei den Wilden gelandet. Einmal kam einer auf mich zu und sagte zu mir sehr laut und langsam, damit auch ein israelischer Idiot wie ich es versteht: »You tell cook food good.« Ich antwortete ihm: »Tomorrow sunrise on the hill. White man will die.« Da hat er begriffen.

Auch viele Deutsche waren bei den Expeditionen dabei. Einer hieß Schmidt, der war eine tolle Nummer. Während unserer Ausgrabungen habe ich ihn immer geärgert. Ich bin hinter ihn getreten und habe gebrüllt: »Schmidt!!!« Dann hat er ganz ängstlich umgeschaut, und ich habe gesagt: »Weitermachen!« Schmidt ist später in Amerika zum Reformjudentum übergetreten, aber das war ihm nicht genug. Als er nach Israel zurückkam, gab er sich den jüdischen Namen *Schar Jeschuv* – »Tor des Volkes« und wurde orthodox. Er hat einen meterlan-

Ausgrabungen in Tel Gezer

Mit Inge auf einer Purim-Party

gen Bart und Schläfenlocken, seine vielen Kinder haben auch Schläfenlocken, und seine Frau trägt ein Kopftuch. Er ist wirklich gnadenlos orthodox, und jeder zweite Satz von ihm ist: *Baruch Haschem, Baruch Haschem.* Er wohnt heute in Haifa, würde aber sehr gut zu den orthodoxen Juden nach *Mea Schearim* passen. Als vor einigen Jahren in der Jerusalemer Altstadt ein angeblich jüdischer Friedhof ausgegraben werden sollte, da machten die Orthodoxen Rabatz, weil man die Toten nicht stören soll. Und man verfluchte den Leiter der Ausgrabungen, der ein beliebter israelischer Wissenschaftler war.

Kurz danach brach dieser Mann, ein großer, starker Bursche, plötzlich zusammen. Herzinfarkt, tot, mit Fünfzig. Und was haben die Orthodoxen gemacht? Sie feierten ein Freudenfest, denn ihre Gebete waren erhört worden. Was soll man da noch sagen?

Die frommen Juden haben überhaupt einen sehr persönlichen Zugang zu Gott, sie belästigen ihn ständig mit sämtlichen Kleinigkeiten. Er ist dort für das tägliche Leben verantwortlich, einfach für alles. Und wenn ein Mensch im Sterben liegt, ändern sie schnell seinen Namen. Die Frommen glauben, der Todesengel ist ein bißchen bekloppt und findet sie dann nicht, so als wäre er der Briefträger. Ich glaube, im Grunde sind wir erst am Anfang der Zivilisation. Aber falls es einen Gott gibt, hätte ich eine Bitte an ihn: Er soll sich ein anderes Volk auserwählen und uns in Ruhe lassen. Nimm die Iraker, oder noch besser die Iraner! Denen gönne ich es.

Im »Hebrew Union College« habe ich insgesamt 17 Jahre lang gearbeitet, und ich habe dabei gelernt, wie man Dinge ohne viel Geschrei und ohne dieses orientalische Tohuwabohu gut organisiert. Und daß es auch leise geht. Im Organisieren sind die Amerikaner ja nicht zu übertreffen. Wir hatten bei unseren Expeditionen alles dabei, was man nur mitnehmen konnte, wie ein fahrender Zirkus mitten in der Wüste. Ein großes Problem war am Anfang nur, daß wir kein Coca Cola hatten, und ohne Coca Cola geht bei den Amerikanern nichts. Eine der vielen arabischen Boykott-Drohungen bezog sich nämlich auch auf Cola. Während sie sich bei Coca Cola jedoch bald darüber hinwegsetzten, weil sie begriffen, daß das alles nur leeres Gerede der Araber ist, gab es Pepsi Cola in Israel lange noch nicht. Die wollten auf Nummer Sicher gehen und es sich auf keinen Fall mit den arabischen Emiraten verderben, wo nur Pepsi Cola getrunken wird. Geschieht ihnen recht. Schade, daß sie nicht Coca Cola trinken, es wäre für sie leichter auszusprechen. Sie müßten nicht immer sagen: »Bebsi blease.« Araber können nämlich kein »P« sagen.

VII.

1967 kam der Sechs-Tage-Krieg. Der ägyptische Präsident Nasser hatte die UN-Soldaten aus Gaza hinausgeworfen, die Meerstraße von Tiran gesperrt, und dann marschierte er mit seiner ganzen Armee im Sinai ein; und wieder einmal protestierte niemand dagegen. U Thant war damals UNO-Generalsektretär. Vielleicht dachte er ja, Nasser wolle nur Volkstänze im Sinai organisieren und die Straße von Tiran absperren, damit dort die Fische nicht mehr durchschwimmen können. An König Hussein von Jordanien telegraphierte Nasser allerdings, daß er schon auf halbem Weg nach Tel Aviv sei – woraufhin dieser auch noch anfing. Ich werde diesen Tag nie vergessen: An einem Montag um 10.45 Uhr hatte Herr Hussein nichts Besseres zu tun, als das Feuer gegen uns zu eröffnen und bis abends um sechs Uhr Jerusalem – eine offene, unbewaffnete Stadt – zu beschießen. Schräg gegenüber meines Hauses wurde eine ganze Familie ausgelöscht. Am nächsten Tag eroberte er mit seiner Legion den ehemaligen Sitz des *High Commissioner* of Transjordan and Palestine und schmiß die UNO, die dort ihr Quartier hatte, raus. Ich sah ihre Konvois am »Hebrew Union College« vorbeifahren.

In New York wachten sie erst auf, nachdem die israelischen Panzer gekommen waren und alles zurückerobert hatten. Als die Araber das Gebäude besetzten, hieß es noch: Na gut, es ist eben Krieg ... Als jedoch die Israelis es zurückeroberten: Sofort wieder her damit, es gehört uns! Die UNO war immer schon auf einem Auge blind, und zwar auf dem Auge, das in Richtung Israel schaut. Natürlich haben wir ihnen das Gebäude nicht sofort zurückgegeben, denn wir mußten erst die interessanten Papierchen sortieren, die dort herumlagen.

Danach ging es Schlag auf Schlag: Montag und Dienstag bombardierten die Jordanier West-Jerusalem, am Mittwoch sah die Sache schon wieder ganz anders aus. Am Donnerstag eroberten die Israelis die Altstadt, und am Freitag konnte unser Oberrabbiner bereits sein *Schofar* dort blasen. Und Nasser schlugen wir im Sinai mit Mann und Roß und Wagen. Da herrschte natürlich Euphorie in Israel, wir kamen uns vor wie »Empire builder«. Übrigens waren auch die Palästinenser nicht gerade unglücklich über die neue Situation, denn viel Freude hatten sie vorher weder unter den Jordaniern im Westjordanland noch unter den Ägyptern in Gaza gehabt. Sie begrüßten die Israelis mit weißen Fahnen, Applaus und Tanz. Aber was heißt das schon? Volk tanzt immer, Volk tanzt auch beim Fußballspiel, in England oder sonstwo. Das sind immer dieselben Welt-Statisten, in Massen sind doch alle unerträglich.

Nach dem Sechs-Tage-Krieg herrschte in Israel richtige Aufbruchstimmung. Die Araber aus der Altstadt strömten nach *Mahane Yehuda*, dem jüdischen Markt in

West-Jerusalem, und kauften dort *Challe* und Karpfen und andere Dinge, die es bei ihnen nicht gab. Am Freitagnachmittag sah man sie nach Hause gehen, zwei *Challes* unter jedem Arm. Und auch die Israelis konnten zum ersten Mal seit 1948 wieder nach Ost-Jerusalem, um bei »Siniora« Fleisch oder bei »Abu Shukri« *Hoummus* zu kaufen. Nur Freitags um 12 Uhr ist man besser nicht hingegangen, denn da kamen die Moslems angestachelt und aufgeladen aus ihren Moscheen. Sie wurden doch immer schon von ihren Geistlichen gegen die Juden aufgehetzt.

In Ost-Jerusalem gab es damals noch arabische Delikatessen-Geschäfte, die sahen aus wie in England. Da holte ich immer indischen Chutney und Oxor-Würfel, das englische Äquivalent zu Maggi. Am Abend einen

Oxor-Würfel in heißem Wasser aufgelöst, das war ein Traum, das schmeckte wie Luna-Park. Ich bin der Meinung, das Zusammenleben zwischen Juden und Arabern könnte schon funktionieren, wenn die bei uns und wir bei ihnen kaufen würden.

Manchmal stelle ich mir vor, was gewesen wäre, wenn die Araber, anstatt ihre Fremdenphobie an uns auszuleben, einfach gesagt hätten: »Welcome«. Wir wären als Gäste gekommen und nicht als Eroberer und hätten in guter Nachbarschaft zusammenleben können. Ich habe mit Arabern am Toten Meer gearbeitet, wir waren die besten Kollegen, wir fühlten uns sehr nah. Wo steht denn geschrieben, daß Hund und Katze sich bekriegen müssen? Bei mir zu Hause haben jahrelang Hund und Katze zusammengelebt. Es gab in diesem Land immer schon Juden und Araber, seit jeher sind die Menschen hier zugewandert. Die ganze Welt wandert doch, auch heute noch. Die einen wandern aus, die anderen laufen weg, Tausende sind immer irgendwo auf der Flucht. Wie bei dem Witz, wo sich zwei Juden auf der Rolltreppe im Flughafen treffen, der eine fährt gerade hoch, der andere hinunter. Der eine kommt an, der andere fährt weg. Da rufen sie einander zu: »Meschuggener, wohin?«

Es stimmt schon: Das Land war nicht leer, als die Juden kamen, es war aber auch nicht voll. Das Land gehörte arabischen Großgrundbesitzern, die zum Teil in Beirut lebten und wie wild an den »Jüdischen Nationalfond« verkauften. Die arabischen Bauern selbst waren geduldete Pächter, die unter Sklavenbedingungen arbeiteten. Ich muß zugeben: Wir hatten keinerlei Absichten, sie von ihrem Joch zu befreien, aber wir haben das Land aufgebaut und eine Infrastruktur errichtet, die es vorher nicht gab. Und wir haben damit nicht nur für uns, sondern auch für die Araber Arbeitsplätze geschaffen. Es wird auch oft vergessen, daß die meisten Araber, die heute hier leben, auch erst nach 1934 kamen, also nachdem die Juden in Palästina eingewandert sind. Es wäre jedoch genug Platz gewesen, damit beide Völker in Frieden hier leben können. Aber die Araber sagten zu allem immer nur nein.

Es haben beide Seiten zu viele Fehler gemacht, und inzwischen ist die Sache äußerst verzwickt. Feindschaft entsteht ja nur aus der Angst heraus, daß einem etwas weggenommen wird. Außerdem sind die Menschen so gebaut, daß sie immer gerne das haben möchten, was die anderen besitzen. Das kann man sehr gut im Restaurant beobachten: Man möchte oft das essen, was der am Nebentisch hat. Genau das möchte man haben. Die Zivilisation hindert einen zwar daran, aufzustehen und dem Nachbarn seinen Teller wegzunehmen, aber rüberkucken tut man. Und der andere sieht das natürlich. Wenn wir von Anfang an versucht hätten, den Arabern zu erklären, daß wir ihnen nichts wegnehmen wollen, und wenn sie versucht hätten, uns zu erklären, daß sie uns nicht ins Meer jagen wollen, wenn wir also miteinander geredet hätten, dann sähe hier alles anders aus.

Nach dem Sechs-Tage-Krieg fuhr ich hinunter zum Toten Meer, um die Fabrik zu sehen, die wir 1948 über

Nacht verlassen mußten. Und ich traute meinen Augen nicht, denn da war nichts mehr! Wir hatten dort außer der Fabrik eine ganze Anlage mit Wohnhäusern errichtet, und nun stand kein Stein mehr auf dem anderen, die Jordanier hatten alles kaputtgemacht. Die Ruinen sind heute noch da. Dabei hätten sie nur in die Fabrik hineingehen müssen und auf den Knopf drücken, und alles hätte funktioniert. Im Kaputtmachen waren sie besser als im Aufbauen.

Hussein war 19 Jahre lang in der Westbank, aber er baute in der ganzen Zeit keine einzige Universität. Er machte überhaupt nichts, obwohl die Araber wesentlich mehr Geld hatten als die Israelis. Warum geben sie es eigentlich nur für Waffen aus? Ich will nichts beschönigen, aber es ist eine Tatsache, daß arabische Hochschulen erst unter israelischer Besatzung gegründet wurden. Gibt es heute jedoch einmal »Trouble«, weil die Studenten anstatt zu studieren demonstrieren und die Israelis deswegen vorübergehend die Universitäten schließen, dann gehen die Nachrichten darüber um die ganze Welt. Als die Israelis die Universitäten eröffneten, war das nirgendwo im Fernsehen. Wenn früher ein Palästinenser studieren wollte, mußte er nach Kairo fahren. Das vergessen die Leute gerne. Sie glauben, die Universitäten gibt es schon seit Suleiman dem Prächtigen.

Kürzlich ist doch tatsächlich einer dieser frommen jüdischen Siedler auf die Idee gekommen, daß man vielleicht doch besser mit den arabischen Nachbarn reden sollte, anstatt sie zu bekämpfen. Abgesehen davon, daß ich nicht weiß, warum diese Irren ausgerechnet auf der Westbank leben müssen, mitten unter Arabern, die sie verständlicherweise nicht haben wollen, finde ich die Idee, miteinander zu sprechen, phantastisch, aber sie sind damit ein paar Jahre zu spät dran. Das hätten sie mal 1967 machen sollen. Ich bin sowieso der Meinung, man sollte diese sogenannten »Siedler« austrocknen lassen, einfach ignorieren, sie weder unterstützen noch beschützen. Sollen sie doch mit ihren lächerlichen Waffen, die sie immer mit sich herumtragen, gegen die Araber kämpfen. Ich habe ja auch eine Waffe zu Hause, aber ich bin doch nicht verrückt geworden und laufe damit herum. Erstens brauche ich für mein Ego kein Sex-Symbol in der Hosentasche, das ist doch schrecklich, und zweitens habe ich gar keine Munition. Wenn das Ding schießt, dann nur mit Gottes Hilfe. Ein jüdisches Sprichwort sagt: »Wenn Gott will, dann schießt der Besen.«

Ich werde oft gefragt, wie ich unter der ständigen Bedrohung hier leben kann, und dabei empfinde ich das gar nicht so. Wenn man in New York lebt, gibt es auch gewisse Straßen, in die man einfach nicht geht, weil sie lebensgefährlich sind. Kein Weißer kann in Harlem leben, muß er auch nicht. Und hier ist es genauso. Unsere Siedler sagen: »Wieso soll ich nicht nach Nablus können? Das ist doch auch Israel.« Nein, man kann eben nicht nach Nablus! Man kann nicht überall hin. Auf der ganzen Welt ist das so. Die Bosnier können nicht dahin, wo die Serben sind und umgekehrt. Daran muß man sich gewöhnen. Und kein Mensch muß ausgerechnet dorthin gehen, wo man ihn nicht haben will.

Mit Schmuel Birger in der Altstadt von Jerusalem, nach 1967

Das wäre ein kurzer Prozeß, wenn man die »Siedler« auf der Westbank einfach sich selbst überließe, das gäbe nicht den ersten Pogrom dort. Im übrigen: Was heißt überhaupt »Siedler«? Haben die je etwas für das Land getan, auf dem sie »siedeln«? Die haben doch noch keinen einzigen Strauch gepflanzt. Vorgestern waren sie noch in Brooklyn, heute wollen sie mir erklären, was Zionismus ist. Ich habe 1936 auf arabischem Boden gesiedelt, den wir den Arabern abgekauft hatten, aber wir haben ihn bearbeitet, und wir haben tatsächlich gebaut. *Avodah Jehudi*, jüdische Arbeit, war damals ganz groß geschrieben, und das war auch richtig so. Uns hat kein Araber die Häuser gebaut, wie das heute üblich ist. Da gibt es doch die Geschichte von dem Israeli, der am *Schabbes* mit seinem Sohn durch die Straßen spaziert. Er sagt: »Siehst du, das Haus dort, das hab ich noch gebaut. Und hier die Straße, die hab ich auch gebaut, als ich jung war. Und da drüben die Wasserleitungen hab ich verlegt.« Da sagt der kleine Sohn erstaunt zu seinem Vater: »Als du jung warst, warst du da ein Araber?«

Ich verstehe nicht, daß die Palästinenser nie auf die Idee gekommen sind zu sagen: »Auf der Westbank bauen wir den Israelis keine Häuser. Sollen sie sich doch ihre beschissenen Häuser selber bauen!« Wenn Araber gelernt hätten, sich untereinander zu organisieren, wäre so ein Boykott gar kein Problem für sie, denn Geld ist genügend da. Die Saudis haben jahrelang Millionen Dollar in PLO-Terroristen und in Waffen investiert, dafür war ihnen ihr Geld auch nicht zu schade. Aber die Araber sind sich nicht einmal untereinander einig, ein Dorf haßt doch das andere. Die Araber sind die israelische Geheimwaffe Nummer eins.

In Israel gibt es übrigens fast keine Punks. Solche Idioten, die sich Sicherheitsnadeln durch die Backen stechen, hätten uns gerade noch gefehlt. Das haben die hier auch nicht nötig, denn wir haben unsere eigenen Zores, wir haben schließlich seit 50 Jahren Krieg. Wenn ich die irren Engländer sehe, die diesen Klamauk beim Fußballspielen veranstalten, dann muß ich einen Freund zitieren, der einmal sagte: »Was denen fehlt, ist Krieg.« So ist das leider, die müssen sich austoben. Die Israelis haben nur eine Leidenschaft, nämlich das Autofahren, sie fahren wie die Wahnsinnigen. Ich glaube, wir haben die höchste Unfallrate der Welt. Wenn die Saudis jedem Israeli ein schnelles Auto kaufen würden, wären sie uns in einem Jahr los.

Die arabische Gesellschaft ist unglaublich verklemmt, und deswegen müssen die modernen Israelis ihnen ein Dorn im Auge sein, ein ewiger Fremdkörper. Allein wie sie ihre Frauen behandeln: Solange er auf dem Esel reitet, und sie mit dem Korb auf dem Kopf neben ihm her geht und Holz einsammelt, sind sie noch weit entfernt von einer Demokratie. Demokratie ist für Araber wie der Sattel auf einer Kuh. Ihr Haß auf die Israelis besteht aus einer Mischung zwischen Bewunderung und Neid: Wir leben in einer freien Gesellschaft, und unsere Mädchen laufen nicht verschleiert herum. Jüdische Männer können jederzeit mit Frauen flirten und umgekehrt. Arabische Männer müssen nach Hamburg fahren, wenn sie eine Frau haben möchten. Das muß sich doch in einer Gesellschaft niederschlagen, wenn Millionen Männer keinen Sex haben! Der Neid der Araber ist in erster Linie Schmock-Neid. Sie sollten endlich versuchen, mit sich selbst ins Reine zu kommen, anstatt zu glauben, wenn sie uns hier erst vertrieben haben, wird alles gut.

Manchmal stelle ich mir vor, wie es wäre, wenn die

Israelis über Nacht verschwinden würden: Die Araber wachen morgens auf, und Israel ist weg. Was dann? Wären sie dann glücklich? Nein, sie wären nicht glücklich! Sie müßten sich sofort einen neuen Feind erfinden, vielleicht die westliche Kultur. Ihr wirklicher Feind sind nämlich gar nicht wir, ihr wirklicher Feind sind sie selbst, ihre Religion. Es gibt zwei Sachen, die die Welt beherrschen – Sex und Religion, und das Dilemma ist, daß sich beides schlecht mischt.

Mit Dackel Pamela um 1968

In den 60er Jahren in Jerusalem

Ich wüßte überhaupt gerne, warum Menschen religiös werden. Nach Auschwitz ist das besonders schwierig. Vielleicht gibt es eine überirdische Kraft, aber es liegt trotzdem alles in der Hand der Menschen. Wenn ich durch den Wald gehe und in einen Ameisenhaufen hineintrete und alles in Unordnung bringe, bin ich ja auch nicht der Gott der Ameisen. Ich bin einer, der zufällig vorbeikommt und etwas zerstört. Und wenn bei uns schlimme Dinge geschehen, so war das nicht eine überirdische Kraft; es waren wir Menschen ganz alleine. Wir sollten uns nicht so viel mit Gott beschäftigen, sondern mit den Menschen, und wir sollten vor allen Dingen gut zu uns selber sein. Aber das können die wenigsten, und unsere Orthodoxen schon gar nicht.

Mea Schearim, das Viertel der orthodoxen Juden, finde ich schrecklich. Ich gehe auch nie dorthin. Ich sehe in *Mea Schearim* nicht jene Romantik, die andere sehen, ich sehe dort nur die Rückständigkeit, die Engstirnigkeit und den Schmutz. Sie leben doch noch im Mittelalter, in jeder Hinsicht. Bei den Orthodoxen heiratet man mit 17, 18, damit möglichst viele Kinder zur Welt kommen. Natürlich haben die Brautleute von Tuten und Blasen keine Ahnung; daß sie nicht aufgeklärt werden, ist selbstverständlich. Da gibt es den Witz von der Hochzeitsnacht. Am Morgen danach fragt die Mame die Braut: »Nu!? Wie ist es gewesen? Der Bräutigam hat gewußt, sich zu benehmen? Er hat gewußt, was zu tun?« Da ruft die Braut entsetzt: »Mame, er ist ein Meschuggener!« Die Mame fragt: »Wieso ist er ein Meschuggener?« Sagt die Braut: »Er kriecht auf Menschen!«

Das Schlimmste jedoch ist, daß die meisten Orthodoxen nicht arbeiten, sondern sich von amerikanischen Juden und vom israelischen Staat aushalten lassen. Das bringt mich auf die Palme! Es gibt meines Erachtens auch keinen Unterschied zwischen orthodoxen Juden und fundamentalistischen Moslems: Sie sind gleich fanatisch und gleich verstockt, und man kann mit beiden nicht reden. Gemeinsam werden sie es schaffen, dieses Land kaputtzumachen.

Als im Sommer 1997 auf *Mahane Jehuda*, dem jüdischen Markt in Jerusalem, der Bombenanschlag verübt wurde, war ich eine Stunde vorher genau an der Stelle gewesen, wo es geknallt hat, dort kaufe ich nämlich zweimal wöchentlich Hühnerköpfe für meine Katzen. Die beiden Araber haben sich an der Ecke einer kleinen Gasse in die Luft gesprengt. Ringsherum war alles kaputt. 15 Tote. Meinem Geflügelhändler ist wie durch ein Wunder nichts passiert. Ich war um 12 Uhr dort und hätte eigentlich noch mehr einkaufen müssen, aber an dem Tag wollte ich schnell wieder raus, es war mir zu voll. Gerate ich irgendwo in große Menschenmengen, gehe ich weg, immer schon. Als ich um 13 Uhr nach Hause kam, erfuhr ich aus dem Radio von dem Anschlag. Ich machte das Fernsehen an und sah meinen Geflügelhändler vollkommen verwirrt durch die Straße laufen; er stand sichtlich unter Schock. Am übernächsten Tag ging ich wieder zum Markt. Mein Geflügelhändler hat kein Wort über die Sache verloren, und ich auch nicht, aber es kam mir so vor, als habe er mich zum ersten Mal, seit wir uns kennen, angelächelt. Man redet nicht darüber. Was kann man da schon von sich geben, außer Plattitüden? Da kann man gar nichts sagen.

In diesem Lande lernt man, mit solchen Dingen zu leben. Ich kann mich noch gut daran erinnern, was ich empfunden habe, als in Jerusalem im Frühjahr 1996 innerhalb von einer Woche zweimal hintereinander ein vollbesetzter Bus der Linie 18 in die Luft gesprengt wurde. Das war jedesmal morgens gegen 7 Uhr, und ich lag noch im Bett. Als ich den Knall hörte, wußte ich sofort, daß das kein Düsenjäger war, der die Schallmauer durchbrochen hatte. Damals gab es fast vierzig Tote, und ich habe mich richtig mies gefühlt. Ich habe mir gedacht: Da liegst du alter Knacker gemütlich in deinem Bett, während ein paar Meter von hier junge Menschen in Stücke gerissen werden. Aber ich kann mich doch nicht jeden Morgen um 7 Uhr in die Linie 18 setzen.

Den arabischen Selbstmord-Attentätern werden als Belohnung 37 blonde Jungfrauen im Paradies versprochen – eine feine Religion. Aber alle Religionen haben ihre Hände ganz hübsch mit Blut besudelt. Nationalismus, Chauvinismus und Religion zusammengekocht, sind die besten Zutaten für Krieg und Terror, das funktioniert immer. Religiöse, egal welcher Couleur, zeichnen sich übrigens vor allem dadurch aus, daß sie fast immer beleidigt sind. Sie sind stets gekränkt und fühlen sich immer angegriffen. Dabei haben sie keinerlei Respekt für anderer Leute Religion, denn sie glauben natürlich, ihre Religion sei die einzig richtige. Der Islam zum Beispiel nennt Andersgläubige nicht Andersgläubige, sondern

»Ungläubige«, und wir nennen die Nichtjuden sehr abfällig die »Unbeschnittenen«. Jeder ist bereit, für seinen eigenen Gott, für einen Platz im Paradies, dem anderen die Kehle durchzuschneiden. Ich bin nicht religiös, aber ich bin dafür, daß man die Gefühle religiöser Menschen berücksichtigt. Die Religiösen sollen jedoch auch meine Gefühle berücksichtigen; doch das ist ihnen nicht möglich, das geht nicht. Ich rede jetzt nicht nur vom Islam, sondern auch von den orthodoxen Juden, die mir ihre Lebensart aufzwingen wollen. Der eine glaubt an schwarze Katzen, der andere an sonst was; er soll glauben, was er will, nur mich soll er in Ruhe lassen.

Wenn Araber jemanden hassen, kann das tödlich sein, aber wenn sie jemanden gerne haben auch. Sie können einen beinahe ermorden mit ihrer Güte. Von Arabern zum Essen eingeladen zu werden, davor soll Gott einen schützen. Einfach auf einen Drink oder einen kleinen Snack zu ihnen zu gehen, ist ganz und gar unmöglich, das wäre eine Beleidigung! Wenn man von Arabern zum Essen eingeladen wird, muß man sich auf allerhand gefaßt machen. Arabische Gastfreundschaft bedeutet unter anderem: man muß essen, bis man platzt. Am Schlimmsten ist es bei den Beduinen. Wenn man da ankommt, wird erst einmal ein Schaf an den Hörnern um die Ecke gezogen, und augenblicklich vergeht einem der Appetit. Denn man hört im Hintergrund, wie das Schaf »Mäh-Mäh« macht, und man weiß: Das wird jetzt dein Mittagessen. Das hat ja nicht jeder unbedingt gerne.

Und dann wird Konversation gemacht, von wegen

Achlan we Sachlan und »Wie geht es deinen Kindern und was macht die Familie«, und nochmal *Achlan* und nochmal *Sachlan*, und das Ganze von oben und von unten und von hinten und von vorne. Und dann hat man nichts mehr zu reden und wackelt nur noch mit dem Kopf, vor allem, wenn man keine gemeinsame Sprache hat. Übers Wetter kann man auch nicht die ganze Zeit reden, denn das Wetter ist ja immer gleich: Es scheint die Sonne, und es ist heiß. Dann kommt endlich das Essen, und da muß man ganz genau wissen, was zu tun ist. Bei Beduinen ißt man mit der Hand, aber es ist wichtig, daß man die Reiskugeln richtig formt und daß man weiß, wieviel man ißt. Ißt man zu viel, verliert man sein Gesicht, ißt man zu wenig, beleidigt man den Gastgeber. Nach der dritten Tasse Kaffee dreht man die Tasse um, das ist dann das Zeichen, daß man keinen Kaffee mehr möchte. Nach der zweiten Tasse darf man das nicht machen, denn dann wird er böse und glaubt, der Kaffee schmeckt einem nicht. Es wird eine richtige Zeremonie veranstaltet, aber es ist nicht gemütlich.

Dabei ist es bei Beduinen immer noch erträglich, denn bei denen sitzt man wenigstens hochromantisch auf dem Fußboden und kann sich an die vielen Kissen lehnen, wobei einem der beißende Rauch in die Augen steigt. Es ist wie bei »Lawrence of Arabia«. Bei den wohlhabenden Arabern hingegen stehen entlang der Wände riesengroße, geschmacklose Polstersessel, einer neben dem anderen, da setzt man sich hinein und starrt sich gegenseitig an. Die Frauen starren einen aus der Küche heraus an, und auch die ganze restliche Verwandtschaft starrt, und ich nehme an, wenn der Gast wieder geht, sind alle genauso glücklich wie er – sie wissen es nur nicht, daran hindert sie nämlich ihre verflixte »Ehre«. Bei den Arabern hängt doch alles von »Ehre« ab. Ich glaube, das haben die Israelis bis heute nicht begriffen. Man kann zum Beispiel nicht einen Araber, wenn er gerade mit seiner Familie auf der Straße geht, anhalten und nach Waffen durchsuchen, ihn vor den Augen seiner Kinder die Hände hochhalten lassen. Das geht nicht, diese Schmach verzeiht er einem nie. Ein arabischer Polizist kann das machen, wir dürfen es nicht.

VII.

Obwohl ich nicht glaube, daß wir dann Frieden haben werden, bin ich hundertprozentig dafür, die Westbank endlich zurückzugeben. Israel ist inzwischen stark genug, um sich das leisten zu können. Außerdem bedeuten Grenzen heute gar nichts mehr, denn im Ernstfall wird doch mit Raketen geschossen. Das konnten wir im Golf-Krieg sehen, den ich hier in meiner abgedichteten Wohnung erlebt habe. Wir waren damals ziemlich hilflos, als die mit deutschem Know-how hergestellten irakischen Raketen bei uns einschlugen. Und die arabische Bevölkerung hat auf den Dächern getanzt.

Es gibt vielleicht Völker, die es sich erlauben können, einen Krieg zu verlieren. Deutschland zum Beispiel hat den Krieg verloren und steht besser da als je zuvor. Die Araber haben Kriege angefangen und sind immer stärker daraus hervorgegangen als sie vorher waren. Wir hingegen können es uns nicht leisten, auch nur einen einzigen Krieg zu verlieren. Der Krieg, den wir gegen die Araber verlieren würden, wäre garantiert unser letzter Krieg, denn die Araber sind nicht nur schlechte Verlierer, sie sind auch schlechte Gewinner. Da würde in Israel kein Stein mehr auf dem anderen bleiben. Und die »Vereinten Nationen« würden eine Gedenkstunde in New

York veranstalten, ein paar Kränze niederlegen und sagen: »Eigentlich schade um dieses kleine, tapfere Volk.«

Die israelischen Rechten behaupten immer, daß die Westbank den Arabern doch nicht genügen würde, daß sie dann immer noch mehr wollten. Ja, es kann gut sein, daß sie mehr wollen, aber wollen kann jeder. Ich will auch einen »Rolls-Royce« haben, aber ich krieg ihn nicht. Angenommen, sie wollen Ramle, sie wollen Lod, sie wollen Haifa und zum Schluß auch noch Tel Aviv: Dagegen kann man gar nichts machen, denn wollen können sie. In Deutschland wollen ja auch die Vertriebenen Schlesien zurückhaben. Und warum sollen sie es nicht wollen? Ich will, daß Pommern wieder deutsch wird, und ich will Kolberg wieder haben – warum denn nicht? Wollen kann ich, nur kriegen tu ich's nicht. Deutschland hat auch den Krieg angefangen, und am Ende ist aus Groß-Deutschland eben Klein-Deutschland geworden. So ist das. Kommt deshalb jemand ernsthaft auf die Idee, die verlorenen Gebiete an die Deutschen zurückzugeben?

Ich bin kein Chauvinist und will, wie gesagt, die Westbank lieber heute als morgen loswerden, aber es ärgert mich, wenn ich vorzugsweise in den deutschen Zeitungen lese: »Die Israelis haben die Westbank besetzt.« Ich frage mich dann: Was meinen sie eigentlich damit? Meinen sie, daß wir eines Morgens aufgestanden und in die Westbank spaziert sind, um sie zu besetzen, einfach so? Den Sechs-Tage-Krieg haben die Araber angefangen, nicht wir, das kann ich bezeugen. Warum mußte Hussein damals Krieg gegen uns führen? Er hatte doch bereits 1948 die Westbank und Ost-Jerusalem annektiert. Wäre er 1967 in Amman sitzengeblieben, wie es eigentlich ausgemacht war, dann würde ihm das alles heute noch gehören.

Oder der *Golan*: Wie sind wir überhaupt auf den *Golan* hinaufgekommen? Die Welt glaubt, die Israelis hätten eines Tages beschlossen: »Heute erobern wir den *Golan!*« Die armen Syrer! Als hätten sie nicht 50 Jahre lang gestänkert und von oben auf alles geschossen, was sich unten bewegte. Die Kinder in den Kibbuzim schliefen jahrelang in Unterständen. Niemand fragt sich, was die Syrer eigentlich von den Israelis wollten, als sie ihren *Golan* noch hatten, warum sie da nicht Ruhe gaben. Wollten sie vielleicht Haifa? Sie saßen oben, und wir waren unten, das war schon alles. Es hat sie gestört, daß wir im Tal unsere Felder bearbeiteten, und deswegen haben sie ab und zu einen israelischen Fischer im See Genezareth erschossen, was spielte das für eine Rolle? »An unidentified person was killed«, meldete dann die UN in ihrem Bericht – natürlich wußten sie, wie üblich, nichts Näheres. Sie wußten weder, daß das Opfer ein Israeli war, noch wer geschossen hatte. Wahrscheinlich die Chinesen. Aber wenn wir zurückschossen, wurde das in der UN sehr genau definiert, dann wurde immer von »Überreaktionen der Israelis« gesprochen. Als einmal die amerikanische Protestsängerin Joan Baez in Cesarea auftrat, hatten die Araber kurz zuvor wieder einmal über die Grenze geschossen, und Joan Baez sagte vor ihrem Konzert, sie sei erschüttert, appelliere aber an die Israelis: »Please no retaliation!«, keine Vergeltung. Ich habe mich damals gefragt, warum sie an uns appelliert hat, warum sie nicht die Terroristen beschworen hat: »Bitte, hört auf!«

Meine Freundin Carol, eine amerikanische Jüdin, die mit einem Ägypter verheiratet war, besuchte einmal mit ihrem Mann Israel. Eines Tages kam sie dann zu der Erkenntnis, daß es ohne Rückgabe des *Golan* niemals Frieden in der Region geben würde. Da habe ich zu ihr gesagt: »Nimm deinen Mann und zeige ihm den *Golan*, und dann frag ihn, den Araber, ob wir ihn zurückgeben sollen. Ich garantiere dir, er würde uns für verrückt halten.« Sie ist nicht mit ihm hingefahren. Aber alle, die sich das Gebiet je angeschaut haben, selbst Ultra-Linke, waren hinterher der Meinung, man dürfe den *Golan* auf keinen Fall zurückgeben. Nicht wegen der Infrastruktur, die wir dort aufgebaut haben, sondern einzig und allein aus strategischen Gründen. Außerdem würde eine Rückgabe nichts nutzen: Der *Golan* gehörte den Syrern doch jahrelang, sie saßen bereits unten am See Genezareth, und war da etwa Frieden?

Ich habe nie von einem Groß-Israel geträumt, und langsam kommt auch die Mehrheit der Israelis zu Verstand und begreift, daß es ein großer Fehler war, nicht auf David Ben Gurion und Moshe Dayan gehört zu haben, die beide nach dem Sechs-Tage-Krieg gesagt haben: »Sofort alles zurückgeben!« Auch der damalige Ministerpräsident Levy Eschkol war für die Rückgabe.

Und als er einmal gefragt wurde, was dann wäre, da antwortete er: »*A kleinere Medine, a schenere Medine* – Der Staat wird kleiner sein, der Staat wird schöner sein.«

Heute wissen wir, daß das stimmt und daß wir uns dadurch viel erspart hätten. Wer braucht denn diese Gebiete schon? Wir haben genug mit uns selbst zu tun, wir brauchen nicht noch zusätzlich eineinhalb Millionen Araber, um sie zu regieren. Wir hätten die Araber in Ruhe lassen sollen. Sollen sie sich doch selbst regieren! Will man wissen, wie es ist, wenn Araber sich selbst regieren, braucht man sich bloß den Libanon anzusehen.

Wie dem auch sei: Jeder möchte gerne von seinen eigenen Polizisten in den Hintern getreten werden, auch die Palästinenser. Warum sollen wir das machen? Und warum müssen wir dafür sorgen, daß ihre Kinder zur Schule gehen? Früher sind von fünf arabischen Babies vier gestorben, heute bleiben alle fünf am Leben. Das verdanken sie dem israelischen Gesundheitswesen, wir haben ihnen einen Teil der Zivilisation gebracht. Und nun wird es Zeit, daß sie sich selbst um diese Dinge kümmern, und wir uns um unseren Kram. Es hat schon seinen Grund, daß ich seit 1967 weder in der Altstadt noch in Bethlehem, noch sonstwo auf der Westbank war, obwohl das alles bei mir um die Ecke ist, ich kann es von meiner Terrasse aus sehen. Ich möchte mit ruhigem Gewisssen nach Bethlehem fahren und dort *Hoummus* und Hammelfleisch essen, und zwar nicht als Besatzer, sondern als Besucher.

Schon Tucholsky hat gesagt, daß es Menschen ohne Füße und ohne Arme geben kann, aber niemals Menschen ohne Fahne! Und wenn wir nicht so dusselig gewesen wären, hätten wir das schon früher erkannt. Nicht die Tatsache, daß wir ihr Land erobert haben, ist das Problem, viel schlimmer ist es, daß wir ihnen ihre Ehre genommen haben. So etwas tut man nicht ungestraft. Man kann einem Volk viel wegnehmen, aber niemals seine Ehre. Das haben wir nicht kapiert, weil wir selbst unterdrückt waren. Schon in der Bibel steht: »Der schlimmste Sklavenhalter ist ein ehemaliger Sklave.«

Dabei kamen wir mit so vielen Idealen ins Land. Wir hatten ja die Fehler der alten Länder gesehen, die Fehler der Demokratien und die Fehler der Diktaturen, und wir glaubten, wir würden etwas ganz Neues schaffen. Und heute sehe ich, daß wir lediglich alle Fehler mitgenommen haben. Wir sind ein Land geworden wie all die anderen Länder auch. Ein Teil der Bevölkerung arbeitet, ein Teil sitzt herum und tut nichts, und ein Teil regiert. Aus England haben wir den Schlendrian übernommen und aus Deutschland die Bürokratie, die nichts anderes kann, als ihre Bürger zu schikanieren. Bürokraten sind ja wie Spalttiere, sie vermehren sich immerzu, aus einem Büro wird noch ein Büro, und sie schlagen große Blasen und verschicken massenhaft Fragebögen und Briefe, die in Israel bis vor kurzem mit einer Heftklammer verschlossen waren, damit man sich beim Öffnen in die Finger gestochen hat. Wenigstens das haben sie jetzt abgeschafft. Aber sie mischen sich ein und reglementieren alles: Wie groß ein Auto sein muß, das eingeführt wird, und wie klein ein Auto sein muß, das eingeführt

wird, und wieviele Leute in dem Auto sitzen müssen. Ein ganzes Volk wird ständig schikaniert. Nach meiner Meinung soll sich ein Staat um den Straßenverkehr, die Müllabfuhr, das Gesundheitswesen und die Polizei kümmern und sonst um nichts, wobei das oberste Motto lauten muß: »Sei nett zu deinem Volk, denn das Volk bezahlt ja die Steuern.« Der Staat soll die Leute in Ruhe lassen, die möchten doch nur in den Urlaub fahren und vielleicht auch noch einen größeren Eisschrank besitzen. Glücklich ist das Volk, das den Namen seines Ministerpräsidenten nicht kennt – so etwas gibt es. Die Mehrzahl der Schweizer weiß nicht einmal die Namen ihrer Minister. Aber sie wissen den Namen ihres Bürgermeisters und ihrer Gemeindeschwester. Und sie wissen auch, um wieviel Uhr die Züge abfahren. Wir wissen die Namen aller unserer Minister, aber wir wissen nicht, wann die Züge fahren.

Politiker muß es geben, genauso wie es die Müllabfuhr geben muß, aber man soll sie am Zügel halten, man soll sie kontrollieren. Und vor allen Dingen: nicht sitzen lassen, sondern nach fünf Jahren rausschmeißen! Im Kibbuz habe ich eine zeitlang in der Citrusplantage gearbeitet. Dort gab es keine Wasserleitung, so daß man das Wasser von weit herholen mußte. Wir brauchten Wasser zum Trinken, denn es war heiß, und wir haben schwer geschuftet. Und da schlug einer vor, uns das Wasser zu bringen, wenn wir seine Arbeit dafür übernehmen würden. Wir anderen waren einverstanden. Also ist er losgezogen und hat das Wasser gebracht. Hat lange gedauert, bis er zurückkam, er hat einen Spaziergang daraus gemacht. Am anderen Tag ist er schon etwas später zur Arbeit aufgetaucht, denn wir mußten ja erstmal arbeiten, bevor wir etwas zu Trinken brauchten; man fängt ja nicht gleich morgens an, Wasser zu trinken. Und dann brachte er nicht nur mehr das Wasser. Er erschien mit einem Bleistift in der Hand und zählte die Reihen, die wir bearbeitet hatten, damit wir es abends nicht selber ausrechnen mußten. Er brachte also das Wasser und zählte die Reihen. Schließlich packte er abends das Werkzeug zusammen und zählte es. Bei der Arbeit sahen wir ihn schon nicht mehr. Eines Tages fuhr er mit einem kleinen Koffer in der Hand in die Stadt, um die Geschäfte zu organisieren. Ich nehme an, heute sitzt er im Parlament.

Alle Reihenzähler auf der ganzen Welt sitzen in den Parlamenten. Nichts gegen Reihenzähler, aber sie sollen nach einer gewissen Zeit wieder zurückgehen und arbeiten, damit sie nicht vergessen, wie das ist. Aber das passiert leider nicht, und so wird die Welt regiert von den Reihenzählern, die schon die ganze Zeit über den Bleistift und das Papier in ihrer Tasche bereit hielten, nur die anderen wußten es nicht.

Ich bin ohnehin dafür, daß die Politiker aller Länder untereinander tauschen sollten, also eine Art Rotation eingeführt wird. Vor einigen Jahren, als in Israel noch Schamir Ministerpräsident war, habe ich mir immer gewünscht, er möge mit Kohl tauschen. Kohl hätte uns ganz gut getan, denn er ist für einen palästinensischen Staat, und hätte er seinerzeit mit Schamir getauscht, so wäre der gegen die Wiedervereinigung in Deutschland gewesen. Heute könnte Netanjahu Präsident von Amerika werden und König Hussein für zwei Jahre Israel regieren. Der würde hier etwas Schwung hereinbringen und dafür sorgen, daß die Staatsgäste am Flugplatz gebührend empfangen werden. Niemand kann das so gut wie König Hussein mit seiner Militärkapelle und den Dudelsackpfeifern. Er würde dann vielleicht auch ein wenig mehr Verständnis fürs jüdische Volk aufbringen, oder auch nicht, jedenfalls wäre Israel ein Königreich. Früher waren auch die ganzen Königshäuser vermischt: Der König von Griechenland war ein Preuße, und der König von England, der Kaiser von Deutschland und der Zar Nikolaus waren Cousins, und das hat wahrscheinlich nur deswegen nicht funktioniert, weil sie miteinander verwandt waren. Mischpoche untereinander klappt doch nie. Aber heutzutage wäre eine Politiker-Rotation vielleicht das Rezept für den ewigen Frieden.

IX.

In den 60er Jahren fingen die Israelis an, ins Ausland zu reisen. Bis zu diesem Zeitpunkt war jemand, der nach Europa fuhr, noch eine Sensation. Da hat man hinterher alle Freunde eingeladen, man saß um den Tisch herum und staunte den Heimgekehrten an, als käme er vom Mond. Er mußte dann genau erzählen, wie es im Ausland ist, und was man tut, und was man nicht tut, und wie man sich kleidet, und was denn noch existiert, und was nicht mehr da ist.

Ich hatte einen Freund, der 1958 zur Weltausstellung nach Brüssel und anschließend nach Nürnberg fuhr, wo seine Familie vor dem Krieg eine Fabrik besessen hatte. Und da wollte man dann alles wissen: was es noch von der Fabrik gab, und was die Nürnberger zu ihm gesagt haben, und wie sein erstes Treffen mit Deutschen war. Wir waren doch hier regelrecht eingeschlossen und wußten rein gar nichts von der restlichen Welt. In Israel gab es bis 1967 kein Fernsehen, das hat Golda Meir nicht erlaubt.

Ich fuhr 1966 das erste Mal wieder nach Deutschland, und meine Gefühle waren dabei sehr gemischt. Ich hatte die ganzen 30 Jahre über eine große Sehnsucht, nicht nach Deutschland, sondern nach dem europäischen Klima. Ich wollte die Luft nach dem Regen riechen, ich wollte ein bißchen Sonnenschein und normale Temperaturen – kühl am Morgen, warm am Mittag, kühl am Abend. Nicht so extrem wie bei uns.

Erst einmal fuhr ich nach Italien, denn das gehört meiner Meinung nach schon zum Orient. In Israel heißt es immer: Das einzige arabische Land, welches uns noch nicht den Krieg erklärt hat, ist Sizilien.

Als ich nach München weiterflog, überlegte ich mir vorher, wie ich mich wohl in der »Hauptstadt der Bewegung« fühlen würde. Ich stieg in München aus dem Flugzeug und fühlte nichts. Ich war nicht aufgeregt, ich war nicht vergnügt, ich war auch nicht traurig. In Berlin fühlte ich mich dann zwar irgendwie zu Hause, aber ich hatte auch da keinerlei Gefühle. Doch etwas anderes geschah: Ich sah die alten, verbissenen Rentner-Gesichter in der U-Bahn und fragte mich unwillkürlich, was die wohl im Dritten Reich gemacht hatten. Obwohl ich wußte, daß nicht alle Deutschen Nazis waren, konnte ich nichts dagegen tun.

Was mir in Deutschland maßlos auf die Nerven ging, waren jedoch nicht so sehr die alten und die neuen Nazis und auch nicht gelegentliche antisemitische Äußerungen, sondern der deutsche Philosemitismus. Der stört mich auch heute noch. Die Leute sind ja außer sich, wenn sie hören, daß man aus Israel kommt! Oh mein Gott! Und dann geht es los: Die Juden, die sie gekannt haben, und die anderen Juden, die sie auch gekannt haben. Und die jüdischen Nachbarn! Und schließlich: »Wir haben ja nichts gewußt!« Früher oder später kommt dieser Satz, er ist offenbar unvermeidlich. Dabei glaube ich es ihnen sogar, aber ich finde, sie müssen es mir nicht sagen. Ich will es mir nämlich nicht anhören, daß sie es nicht gewußt haben. Sollen sie wenigstens so viel Taktgefühl haben und es mir nicht sagen. Aber es rumort in ihnen, der Holocaust steckt ihnen im Hals, und das wird noch lange so bleiben. Und dann gibt es noch einen anderen klassischen Satz, der mich fast noch mehr auf die Palme bringt, nämlich »Wir haben ja auch gelitten.« Was heißt, sie haben auch gelitten? Haben sie vergessen, warum? Sie haben es doch selbst verursacht! Jetzt jammern sie. Sollen sie sich doch die alten Wochenschauen ansehen, wenn ihnen nicht gut ist.

Ich habe keinen Moment in meinem Leben den Wunsch verspürt, wieder nach Deutschland zurückzugehen. Sie haben mich hinausgeschmissen, und das war ihr Verlust, nicht meiner. Der Antisemitismus ist das Problem der Antisemiten und nicht das der Juden. Natürlich haben wir damit die Zores, denn Antisemitismus ist mehr als eine gewöhnliche Antipathie; Antipathien sind normal. Die Bayern zum Beispiel hassen die Preußen, doch ist das nicht gleich tödlich. Antisemitismus hingegen kann tödlich sein. Da gibt es doch diese Geschichte, wie der Jude und der schreckliche Antisemit sich treffen. Sagt der Antisemit: »Ich habe ein natürliches Auge und ein Glasauge. Wenn du mir sagen kannst, welches mein Glasauge ist, lasse ich dich leben.« Da sagt der Jude: »Das linke Auge ist das Glasauge.« Der Antisemit fragt: »Wieso hast du das gewußt?« Sagt der Jude: »Es kuckt so menschlich.« Aber heute sind nur die Ewiggestrigen noch Antisemiten. Heute kann man all diese Gefühle doch wunderbar ausleben, indem man einfach nur anti-israelisch ist.

Dabei sind, wie gesagt, die Israelis inzwischen doch ein Volk wie alle anderen geworden und unterscheiden sich so gut wie gar nicht mehr von den anderen. Früher war es ja so: Wenn *Gojim* etwas taten, was sich für Juden nicht gehörte, tauschte man nur einen kurzen Blick und sagte: »G.N.«, und damit war alles gesagt. »G.N.« war die Abkürzung für *Gojim Naches*. Der Begriff ist schwer zu erklären, man meinte damit proletarisches Vergnügen, irgendwie Unterschicht. Wenn jemand abends seinen Balkon mit Lampions behängt und eine »Italienische Nacht« veranstaltet, und die Leute sitzen

Jerusalem 1975

da und trinken Bier und singen womöglich noch Lieder zur Ziehharmonika – das ist G.N! *Gojim Naches* ist auch Eisbein mit Sauerkraut, nicht etwa, weil es nicht koscher ist, sondern weil das a Jid einfach nicht ißt. Oktoberfest ist zweifelsohne G.N., und Vatertagsausflug ist G.N. erster Güte. Boxen und Bergsteigen ebenfalls. Rosenblums, eine Familie, bei der meine Mutter einige Jahre gearbeitet hat, waren mit dem Direktor des »King David Hotels« befreundet, ein Schweizer Nichtjude. Als der einmal bei ihnen zu Besuch war, schlug er, schon leicht besoffen, mit einem Stock auf die Glasplatte des Tisches, so zum Spaß. Da flüsterte Frau Rosenblum meiner Mutter nur pikiert zu: »G.N!«

Jetzt haben wir längst unsere eigenen *Gojim Naches*. Was zum Beispiel die Marokkaner in Israel veranstalten, ist eindeutig G. N., nämlich Picknick im Freien. Das ist doch etwas ganz Schreckliches. Außer dem Eisschrank nehmen sie alles mit: Den Grill haben sie dabei, das Radio haben sie dabei und den Fernseher ebenfalls, den schließen sie am Auto an. Und die Frau, anstatt daß sie bequem zu Hause in ihrer Küche steht und abwäscht, steht im See Genezareth bis zu den Knien im Wasser und wäscht dort ab. Und er liegt hinten im Liegestuhl und raucht Zigarre und sieht fern. Die Kinder schreien, und die Mücken stechen, und man füllt sich die *Pita* mit verkohltem Fleisch, und man macht, und man tut, und am Abend fährt man todmüde wieder nach Hause und ist fix und fertig. Wenn man Glück hat, gibts unterwegs sogar noch einen kleinen Autounfall. Mit einem Wort: *Goijm Naches!*

Vor einem Porträt seines Vaters, Berlin 70er Jahre

Seit einigen Jahren habe ich wieder einen deutschen Paß, nicht aus Sentimentalität, sondern weil es praktisch ist, damit zu reisen: Du hältst ihn hoch, und du kommst durch. Der israelische Paß wird doch auf der ganzen Welt von den Grenzbeamten so angefaßt, als ob er gleich explodieren würde, und immer muß man aus der Reihe treten. Als ich einmal in Schweden bei der Einreise meinen israelischen Paß vorgelegt habe, fragte der Beamte, nachdem er ihn lange und mißtrauisch kontrolliert hatte: »Tourist?« Ich sagte: »Terrorist!«, da war das Eis gebrochen.

Manchmal überlege ich mir, vielleicht für einige Monate in Berlin zu leben, und zwar meistens dann, wenn mir meine jüdischen Nationalisten hier zu sehr auf die Nerven gehen. Dieses Land hat sich unwahrscheinlich verändert, und ich muß sagen: So haben wir uns das nicht vorgestellt! Mit allem haben wir gerechnet, aber nicht mit einem koscheren Staat. Davon war nie die Rede. Wir wollten einen sozialistischen Staat und keine religiöse Diktatur.

Im Grunde hat uns Ben Gurion all das eingebrockt, der selbst zwar Sozialist war, aber wie alle, die damals aus Osteuropa kamen, einen Riesenrespekt vor jedem hatte, der sich einen langen Bart wachsen ließ und sich »*Rebbe*« nannte. Die Sozialisten sagten: »Sie wollen einen koscheren Staat haben? – Sollen sie haben! Dafür mischen sie sich nicht in die Außenpolitik ein.« Sie haben es unterschätzt. Selbst Shimon Peres war noch so sentimental und ging lieber mit den Frommen als mit den Linken. Geholfen hat es ihm jedoch nichts, denn die Wahl hat er trotzdem verloren. Von ihm heißt es ja, er würde jeden Abend ein Buch lesen – so einen wählt man doch nicht!

Jitzhak Rabin war bisher der einzige Ministerpräsident, der mit den Religiösen nichts im Sinn hatte, und das hat ihn das Leben gekostet. Sie haben so lange gegen ihn gehetzt und ihn verflucht, bis einer dieser Verrückten ihn erschossen hat. Hinterher war man ein bißchen erschrocken, man hat sich ein wenig geschämt, und die Rabbiner waren zwei Wochen lang taubstumm. Dann vergaß man auch den Mord an Jitzhak Rabin wieder.

Ich mache mir Sorgen um die Zukunft Israels, ich habe Angst, daß hier eines Tages alles den Bach hinuntergeht. Nach Israel kommen sie doch in Scharen, um ihre Minderwertigkeitskomplexe zu kurieren; wir sind die Irrenanstalt für das Weltjudentum geworden. Der religiöse Fanatismus, die Blindheit und die Sturheit mancher Menschen hier ist erschreckend. Wenn ein Glauben zum Aberglauben ausartet, dann wird es gefährlich. Hier ist man inzwischen ständig mit der Religion beschäftigt, man ist damit beschäftigt, wie man den Schabbat hält. Jetzt haben sie sogar ein Telefon erfunden, das man abheben kann, ohne den Schabbat zu verletzen. Und davon leben sie!

Das ist wie mit Jankel, der zu Moishe sagt: »Man hört jetzt soviel von diesem Albert Einstein und seiner Relativitäts-Theorie. Erklär mir das doch einmal.« Sagt Moishe: »Das ist so: Wenn du deine Nase in meinen Hintern steckst, dann hab ich eine Nase im Hintern und du hast eine Nase im Hintern. Aber das ist relativ.« Wundert sich Jankel: »Und davon lebt der Einstein?«

Mit den Frommen hier ist es dasselbe. Sie lernen *Gemara* und *Talmud* und sitzen den ganzen Tag da und diskutieren darüber, was für ein Unterschied es ist, wenn man einen Ochsen zum Schlachten oder zum Arbeiten verkauft. Und davon leben sie! Junge Burschen, die in den *Jeschiwes* hocken und nichts arbeiten und nichts tun, und dafür vom Staat finanziert werden. Nachher gehen sie in die Welt hinaus und verteilen *Kaschrut*-Stempel. Und davon leben sie. Da wird ein ganzes Volk zu Parasiten ausgebildet, und es wird ein kollektiver religiöser

Mit einem Freund in Jerusalem

Wahnsinn gefördert. Das ist nicht mehr mein Land. Das ist nicht mehr das, wovon wir geträumt haben.

Wenn ich heute zu Besuch nach Deutschland komme, werde ich oft gefragt: »Wo ist eigentlich deine Heimat?« Ich kann mit der Frage nichts anfangen, denn wer lebt denn heute noch dort, wo er mal geboren wurde? Heimat ist ein vergoldeter Begriff, es ist etwas, wonach man sich zurücksehnt. Mit Heimat meinen die Leute oft die verlorene Jugend. Für mich ist Heimat da, wo ich mich über die Beamten ärgere und wo mein Bett steht, da, wo ich meinen Kopf niederlegen kann. Ich glaube, ich könnte heute überall leben, aber ich würde immer nach Israel zurückkommen.

Mit Katze Mottek auf seiner Terasse in Jerusalem

Ich bin jetzt a Gentleman of leisure, beschäftigt mit Nichtstun, und dazu braucht man viel Zeit. Meine Freunde schätzen an mir vermutlich meinen fehlenden Ehrgeiz. Ich stelle für sie keine Gefahr dar. Das freut die Leute doch, wenn einer herumläuft, der nicht ehrgeizig ist, der kein größeres Auto haben möchte, der keine größere Wohnung braucht, der zufrieden ist mit dem, was er hat. Ich glaube, die Leute mögen mich, weil ich harmlos bin, ich tu ihnen nichts, und ich nehme ihnen nichts weg. Ich will ihren Job nicht haben, und ich will ihre Frauen nicht haben. Um Gottes Willen.

Ich lebe mit einer neurotischen Katze, das reicht mir vollkommen. Mottek ist total verrückt. Sie ist über 25 Jahre alt, und in letzter Zeit hört sie auch nicht mehr richtig. Sie weckt mich morgens um 6 Uhr mit ihrem Geschrei, und wenn ich dann endlich aufstehe, legt sie sich elegant eine Pfote über die Augen und beginnt zu schlafen. Wozu brauche ich eine Frau, wenn ich diese Katze habe? Sie macht mich wahnsinnig mit ihrem Geschrei. Ich bin ihr schon nachts um drei Uhr mit dem Besen nachgelaufen. Das Leben mit Mottek füllt mich vollständig aus.

Jeden Samstag ist bei mir »open house«. Es gibt nur Kaffee. Wer Kuchen will, muß ihn mitbringen. Man hält mich für den besten Witze-Erzähler der Stadt, und ich hoffe, diesem Ruf gerecht zu werden. Manchmal trete ich in Clubs und Altenheimen auf und eröffne mein Programm meistens mit dem Satz, den 1939 unser polnischer Vorarbeiter im Kibbuz bei einer Versammlung gesagt hat: »Ich will heit sprechen zu eich in die Sprach vun Gethe und Schilla!«

Ich habe mich keinen Tag im Leben gelangweilt, jeder Tag war interessant. Hier war immer etwas los. Dieses Land zieht wirklich wie ein Magnet Verrückte an. Wenn man ein Dach darüberziehen würde, wäre es eine geschlossene Anstalt. Hier sucht doch jeder seine Identität – ich weiß gar nicht, warum Menschen immer ihre Identität suchen müssen. Mir haben sie gesagt, wie ich heiße, das hat mir vollkommen gereicht.

Es gibt ja bekanntlich Leute, die an die Zukunft denken; sie sorgen vor, wie die Mäuse, die sich im Sommer schon auf den Winter vorbereiten. Ich habe mich nie auf den Winter vorbereitet, und jetzt ist der Winter da, und mir ist auch nicht kalt. In Israel wohnen ohnehin alle nah bei Gott, jeder kann direkt mit ihm reden. Vielleicht sollte ihn einmal einer fragen, warum er die Welt in sechs Tagen erschaffen mußte, warum er es so eilig hatte. So sieht sie nämlich auch aus. Er hätte sich besser etwas mehr Zeit nehmen sollen.

* * *

Glossar

Achlan we Sachlan: Arabischer Willkommensgruß

Baruch Haschem: Gelobt sei der Herr! Gott sei Dank!

Bar Mizwa: „Sohn des Gebotes", Feier zum Tag der religiösen Volljährigkeit eines Jungen bei vollendetem 13. Lebensjahr

Challe: Zopfbrot, das am *Schabbat* gegessen wird

Chaluzim: Pioniere; Gründer von Siedlungen

Chanukka: Achttägiges Lichterfest im Dezember zur Erinnerung an die Einweihung des Zweiten Tempels

Chawer: Kamerad, Mitglied im Kibbuz

Cheder Mischpacha: Zimmer für ein Ehepaar im Kibbuz

Erez Israel: Das biblische Land Israel

Etzel: Abkürzung für *Irgun Zvai Leumi*, „Nationale Militärorganisation", nationalistische militärische Untergrundtruppe, 1937 gegründet; stand den Revisionisten um Jabotinsky nahe, wurde von 1943 an von Menachem Begin geführt

Gabbai: Der Einnehmer; meist für: Gemeindevorstand bzw. Sekretär

Gaffir: Wächter, Hilfspolizist

Gefillte Fisch: Gefüllter Fisch, traditionelles jüdisches Gericht; Karpfen mit pikanter Füllung aus gemahlenen Fischresten

Gemara: Sammlung der Kommentare zur *Mischna*

Glubb Pascha: John Bagot Glubb, britischer Offizier, Kommandeur der „Arabischen Legion", bis 1957 militärischer Berater von König Hussein

Gojim Naches: Wörtlich: „Die Freuden der Nichtjuden"; Dinge, die Juden nicht tun sollten

Golan: Gebirgszug im Norden Israels; geographische Grenze zu Syrien

Hachscharah: Berufliche Vorbereitung für die Auswanderung nach Palästina

Haganah: „Schutz", jüdische militärische Untergrundorganisation in Palästina, 1920 gegründet; Vorläufer der israelischen Armee

High Commissioner: Chef der britischen Verwaltung im Mandatsgebiet Palästina

Hoummus: Brei aus gemahlenen Kichererbsen; traditionelles arabisches Gericht

Ivrith: Hebräisch für: Hebräisch

Jecke: Spöttische Bezeichnung für deutsche Juden; kommt vermutlich aus dem rheinischen „Jeck"

Jeschiwe: Jiddisch für „Jeschiwa", religiöse Hochschule; dient der Gelehrten- und Rabbinerausbildung

Jewish Agency for Palestine:
Organ der Zionistischen Weltorganisation, vor der Gründung Israels die „Regierung" der Juden in Palästina

Jewish Settlement Police:
Jüdische Freiwilligentruppe, wurde vor allem zur Bewachung der ländlichen Siedlungen eingesetzt

Jom Kippur: Versöhnungstag, letzter der zehn Bußtage nach Neujahr; höchster jüdischer Feiertag

Jugend-Alijah:	Organisation zur Übersiedlung jüdischer Jugendlicher nach Palästina, 1933 in Berlin gegründet
Kaschrut:	Katalog der Vorschriften über die rituelle Reinheit von Speisen, die koschere Haushaltsführung, die Herstellung der Torarollen usw.
Kipa:	Kleine Kopfbedeckung; wird von gläubigen Juden getragen
Lechi:	Abkürzung für *Lohamei Cherut Israel*, „Kämpfer für die Freiheit Israels", Abspaltung von *Etzel*, nach dem Gründer A. Stern auch „Stern-Bande" genannt
Massel tow:	Wörtlich: „Gutes Glück", alles Gute, viel Glück
Mischna:	Kanonische Sammlung der jüdischen Gesetze
Mischpacha:	Hebräisch für Familie; jiddisch: Mischpoche
Palmach:	Eliteeinheit der jüdischen Selbstschutzgruppe *Haganah* in Palästina, 1941 gegründet
Rebbe:	Charismatische Figur; kann, muß aber nicht ein gelernter Rabbiner sein
Sabres:	Kaktusfrüchte, übertragen auch für Kinder, die in Israel geboren wurden
Schabbes:	Jiddisch für *Schabbat*, Ruhetag
Schammes:	Synagogendiener
Schofar:	Horn eines Widders, wird am Neujahrstag und am Versöhnungstag beim Gebet geblasen
Talles, Tallit:	Gebetsmantel aus Wolle oder Seide, wird beim Morgengebet angelegt
Talmud:	Wörtlich: „Studium, Belehrung, Lehre", besteht aus der *Mischna* und der *Gemara*
Tora, Thora:	Pentateuch; die fünf Bücher Mose

Gottfried Bermann Fischer

Bedroht – Bewahrt

Der Weg eines Verlegers

Band 1169

»Ich habe in diesem Buch versucht, die Erfahrungen meines Lebens, so gut wie ich es kann, der Wahrheit gemäß darzustellen. Mein Leben stand unter gefährlicher Bedrohung, aus der zu entkommen mir immer wieder gelang. Ein guter Stern schien über mir zu walten und leitete mich durch Gefahr und Verfolgung zu Glück und Erfolg. Begegnungen und Freundschaften mit vielen großen Autoren, von Franz Werfel, Thomas Mann, Thornton Wilder, Sigmund Freud, Stefan Zweig, Boris Pasternak bis zu den Jüngsten von heute, erhöhen mein Leben. Dies alles aufzuschreiben und somit vielen zugänglich zu machen, schien mir nicht ohne Wert, um damit am Beispiel meines eigenen Schicksals Geschehnisse einer vergangenen Epoche vor der Vergessenheit zu bewahren.
Dieses Buch ist aber auch die Geschichte des S. Fischer Verlages von meinem Eintritt im Jahre 1925 an, durch die erregenden zwanziger Jahre bis zur Machtergreifung, durch Verfolgung und Emigration hindurch bis zur Rückkehr des Verlages und zu seinem Wiederaufbau nach dem Zweiten Weltkrieg.«

Fischer Taschenbuch Verlag

Gottfried Bermann Fischer
Wanderer durch ein Jahrhundert
Band 12176

Leben und Schicksal des Verlegers Gottfried Bermann Fischer sind in jeder Hinsicht exemplarisch; sein Blick zurück umspannt fast hundert Jahre deutscher Geschichte. Abgeklärt und leidenschaftlich zugleich erzählt er in Geschichten, Anekdoten und Reflexionen von der geborgenen Kindheit in einer bürgerlichen, jüdischen Familie, von den Schrecken in den Schützengräben des Ersten Weltkriegs, von nationalistischen und antisemitischen Exzessen in der Zeit der Weimarer Republik, als er, der Schwiegersohn S. Fischers, in den berühmten Verlag eintrat, von Exil, Flucht und wiederholtem Neubeginn, vom Festhalten an den moralischen und literarischen Idealen einer zäh verteidigten Humanität.
Ein abenteuerliches, reiches Leben mit Büchern und Autoren wird noch einmal beschworen.

Fischer Taschenbuch Verlag

fi 995 / 5

Teddy Kollek mit Dov Goldstein
Jerusalem und ich
Memoiren
Aus dem Hebräischen von Vera Loos und Naomi Nir-Bleimling
Band 13864

Von 1965 bis 1993 hat Teddy Kollek als Bürgermeister die Geschicke Jerusalems gelenkt und Tag für Tag die Erfahrung gemacht, »daß es in Jerusalem grundsätzlich keine normalen Probleme gibt, die Aufschub dulden. Alle Probleme brennen unter den Nägeln. Alle Nöte sind akut.«
Eindringlich, ernst und temperamentvoll schildert er in seiner Rückschau viele Stationen und Episoden, die erkennen lassen, wie schwierig es ist, an diesem Brennpunkt politischer und religiöser Auseinandersetzungen, immer neu aufflammender Konflikte den alltäglichen praktischen Erfordernissen einer großen Stadt gerecht zu werden.
Seit dem Sechs-Tage-Krieg im Jahr 1967 ist Jerusalem, die Hauptstadt Israels, wieder vereint. Teddy Kollek hat unermüdlich daran gearbeitet, zwischen der jüdischen Bevölkerung und den arabischen Bewohnern des Ostteils der Stadt Brücken des Verständnisses zu schlagen, Fanatismus und Haß abzubauen, damit ein Zusammenleben allen Gegensätzen zum Trotz möglich wird.

Fischer Taschenbuch Verlag

Teddy Kollek und Amos Kollek
Ein Leben für Jerusalem
Aus dem Englischen von Werner Peterich und Jizchak Barsam
Band 11269

Als Sohn einer in der österreichisch-ungarischen Donaumonarchie ansässigen jüdischen Familie wurde Teddy Kollek 1911 in Wien geboren. Nach dem Ersten Weltkrieg schloß er sich einer jüdischen Jugendorganisation an. Unter Einfluß des Zionismus sah es Kollek bald als sein Lebensziel an, in Palästina zu siedeln. 1934 erhielt er das Einreisevisum in das damals noch britische Mandatsgebiet und arbeitete in einem Kibbuz. In der Nazizeit und im Krieg half er von England und der Türkei aus gefährdeten Juden bei der Flucht. Er lernte viele einflußreiche Zionisten kennen, die maßgeblich am Aufbau des Staates Israel beteiligt waren.
1947 war er in geheimer Mission in Amerika. 1948 wurde er zunächst Leiter der Amerikaabteilung des Außenministeriums und ging dann für einige Zeit an die israelische Botschaft in Washington. Später war er Chef im Büro des Ministerpräsidenten Ben Gurion. 1965 wurde Teddy Kollek zum Bürgermeister von Jerusalem gewählt. In drei Nachworten arbeitet Teddy Kollek die für Jerusalem bedeutsamen Ereignisse auf und entwickelt seine Vorstellungen für die Zukunft dieser Stadt.

Fischer Taschenbuch Verlag

Heinz Knobloch
Mit beiden Augen
Von Dresden nach Tennessee
Band 14677

Heinz Knobloch, langjähriger Redakteur bei der ›Wochenpost‹, erzählt von seiner Kindheit in Dresden und seiner Jugend im Krieg. Er läßt noch einmal die besondere Atmosphäre Dresdens lebendig werden, einer Stadt der europäischen Hochkultur und der kleinen Leute, der feudalen Lebensweise und der leckeren Eierschnecken. 1935, Knobloch ist gerade neun Jahre alt, muß er das alte, »heile« Dresden verlassen und zieht nach Berlin, wo eine Reihe ziviler Abenteuer auf ihn warten. Als der Krieg begann und er sich weigerte »Hitler zum Geburtstag« geschenkt zu werden, wird ihm bald gesagt, daß auch er sich »noch so manchen Wind um die Nase wehen lassen müsse«. Trotz aller Abneigung kann er sich dem Militär nicht entziehen, desertiert aber bald und gerät in amerikanische Gefangenschaft. Als genau beobachtender Zeitgenosse zeichnet Knobloch seinen Weg von Dresden nach Tennessee in eindringlichen Geschichten nach, die persönliche Erfahrungen ebenso widerspiegeln wie historische Einsichten.

Fischer Taschenbuch Verlag

Heinz Knobloch

Mit beiden Augen

Mein Leben zwischen den Zeilen

Band 14678

Ein Buch, auf das viele lange gewartet haben. Knoblochs Erinnerungen an sein Leben zwischen den Zeilen als Feuilletonist der ›Wochenpost‹, als Autor vielbeachteter Bücher: Er erzählt von großen und kleinen Ereignissen, von den Kapriolen der Geschichte, von Zensur, Zumutungen und listigen Auswegen, aber auch von dem Glück, immer wieder gebraucht zu werden. Mit beiden Augen: das heißt nicht einäugig, nicht einseitig schreiben. Es heißt auch: das scheinbar Nebensächliche wahrnehmen, das Unbequeme, Widersprüchliche. Es geht um den 17. Juni 1953, den Mauerbau, die Aufstände in Ungarn oder in Prag und das Jahr 1989. Es geht um persönlichen Anstand, um Hoffnungen und Zweifel; um die Entdeckung von Menschen und Biographien: Moses Mendelssohn, Mathilde Jacob, Victor Auburtin oder Paul Levi.

Fischer Taschenbuch Verlag

»Gad Granach muss man lesen *und* hören«

(Bayerischer Rundfunk)

Jetzt auch auf CD:
Gad Granach, Autor des Bestsellers »Heimat *los*«. Aufzeichnung der unvergesslichen Matinée mit Henryk M. Broder im Centrum Judaicum, Berlin.

CD, 52 Min., DM 32,- (ISBN 3-927217-40-9)

»Ein Lebenskünstler, ein Liebender, ein Lachender«

(Hessischer Rundfunk)

Ölbaum Verlag • Postfach 11 17 28 • 86042 Augsburg
Tel. 08 21 / 51 09 87 • Fax 08 21 / 51 31 25 • eMail: oelbaum@gmx.de